我把砍树时截取的一部分树枝修剪好造型，
以突出“檍”的主题，
再用一些日常的咖啡和厨房用具来增加生活气息。

Photo by 叔叔的饭

从一开始的半个保温桶，到最后各种蔬菜，肉、米饭、汤和水果装满整整一桶，小外甥甚至还会偷偷地带一盒儿童牛奶给我。

photo by 叔叔的饭

美式咖啡味道苦涩，

面皮热辣咸香，

两种食物同时出现，

令很多人感到不解。

早上去买的新鲜法棍挨个儿切片，
再涂抹一层牛油果酱，
放上切好的三文鱼刺身，
就是简单又好吃的三明治。

photo by 叔叔的饭

如果他知道苹果是从哪里来的，
一定会觉得更加珍贵。

我记不清楚当天为什么会做
红色的双莓巧克力慕斯，
可能是因为春节
“大哥”难得回来一次，
图个喜庆，
也可能是希望用这样的颜色，
调整下沮丧的情绪。
但是直到当天打烊，
她都没有出现。

·Photo by 叔叔的饭.

想说放几粒野樱桃，
这份炸鸡应该会更有卖相一些。
付出行动以后，
不出所料，
金黄的炸鸡块在桃红色樱桃的映衬下，
变得更加诱人美味了。

photo by 叔叔的饭

HAVE A NICE DAY!!!
photo by 叔叔的饭

我急忙冲进吧台，小心翼翼地端出店门，

用最快的速度做好一杯卡布奇诺，想送给他喝，可是只看到他远去的背影。

慕斯和马卡龙是必须要做的，毕竟大多数孩子都没有吃过。
Photo by 叔叔的饭

190cm
我发现不仅是她，
左边和身后的两名男生也是
一米九几的身高，在这几名
同学的包围下，我忍不住
压低声音悄悄对同桌说：
"白雪公主的兄弟和一个小矮人。"
by 叔叔的饭

我一口一口地吃着碗里的白饭，

没有任何配菜，

也没有任何饮料和酒水，

可这却是我

吃过的最美味的一碗白饭了。

photo by 叔叔的饭

在北京，对很多人来说，在“家”吃饭，是一种奢望。

我们每一餐的早饭里，永远都有相爱的味道。

时间充裕的话，早餐的食物也会相应地丰富和复杂。

Photo by 叔叔的饭

如果不加上休闲餐厅几个字，
大多数人都不会认为这是一家餐厅，
从外头乍一看店里的装修和设计，
会以为是一家女孩子开的家居装饰店。

Photo by 叔叔的饭

开错位置的咖啡馆

叔叔的饭——著

台海出版社

图书在版编目（CIP）数据

开错位置的咖啡馆 / 叔叔的饭著. — 北京：台海出版社，2019.11

ISBN 978-7-5168-2459-7

Ⅰ. ①开… Ⅱ. ①叔… Ⅲ. ①故事－作品集－中国－当代 Ⅳ. ①I247.81

中国版本图书馆 CIP 数据核字（2019）第233337号

开错位置的咖啡馆

著　　者：叔叔的饭

责任编辑：员晓博　　装帧设计：BookDesign Studio 阿鬼设计 QQ:476454071

图书监制：刘　君　　责任印制：蔡　旭

出版发行：台海出版社

地　　址：北京市东城区景山东街20号　　邮政编码：100009

电　　话：010－64041652（发行，邮购）

传　　真：010－84045799（总编室）

网　　址：www.taimeng.org.cn/thcbs/default.htm

E－mail：thcbs@126.com

经　　销：全国各地新华书店

印　　刷：北京天恒嘉业印刷有限公司

本书如有破损、缺页、装订错误，请与本社联系调换

开　　本：880mm × 1230mm　　1/32

字　　数：175千字　　印　　张：9

版　　次：2019年11月第1版　　印　　次：2019年11月第1次印刷

书　　号：ISBN　978-7-5168-2459-7

定　　价：39.80元

自序

30岁以后，我时常会思索：人生的意义是什么？

但直到现在，我依旧回答不上来。

我们身处的时代，如同飞速旋转的齿轮，将每个人切割成一个个独立的原子；我们习惯了处在浮华之中的忙碌奔波，却总是忘记生活的悲悯和慈爱。那些从平淡日子里升腾起来的梦想和期许，被封印在了加班的电脑、应酬的酒桌，还有柴米油盐酱醋茶的日常生活里，逐渐变得黯淡无光。

北漂的十几年，我将生活中的大部分时间都贡献给了工作。然而，辛勤劳作并没有让我变得富有，即便是物质生活较之前有了改善，也没能增加我的快乐。

我不得不停下来思考，追逐了这么久，自己所拥有的，到底是什么？我该不该为这个世界做点什么？哪怕只是一点点。

十几年前，我曾负责央视一个大型公益节目的视频录制，主要是和艺人、媒体等一起探访山区留守的孩子。在活动环节里，我们也会安排艺人给孩子们做营养餐等项目。

随着与孩子们的接触不断深入，我逐渐感受到了这些留守儿童对爱与陪伴的渴求。

2017年初夏，我的创业公司因经营困难，面临倒闭的风险。想到这几年带着团队披星戴月地工作，但成果却寥寥无几，我突然觉得自己的奋斗没有了价值。想起那些山里的孩子们端着饭碗时的笑脸，我突然意识到，与其在浑浑噩噩地拼尽全力，不如换个方向，试着在有限的人生里多做一些更有价值的事情。于是，我萌生了给孩子们做饭的想法。

“叔叔的饭”就这样诞生了。

很多人认为我放弃工作，自掏腰包去给孩子们做饭是在做慈善，也有些人认为这是一种“博眼球”的伪善。但在我看来，这只是我人生中特别普通却极其重要的一件事而已。

在这个过程中，我认识了四十多名不同家庭的孩子，他们大部分都内向沉默，却总会因为我这个陌生叔叔的到来而变的活泼开朗。我从他们眼睛里看到了跳动的“火花”，而我每次都会被这种“火花”所触动。

有一次，在彭俊琪的小朋友家，临别时，少言寡语的她突然抬头问我：“叔叔，您以后还会回来看我吗？”

“会的！”

我无法拒绝那“火花”……

因为能力有限，我无法彻底改变他们贫困的现状，只能尽力送去我能给的温暖，以及有限的物资支持。

这令我十分痛苦。有时我多么期盼人生可以一直美好，但我们都知道，不尽人意才是人生的常态。

与其无能为力，不如再做点什么吧！于是，我倾尽所有，在老家的县城开了一家名叫“檍”的咖啡馆。除了实现自己的梦想，我还想，如果咖啡馆的收入能支撑我继续进山给孩子们做饭，那将是一件很完美的事情。

然而，这世上从来没有十全十美的事情。

现在的我，为了生计，仍忙于奔波，时不时也会抽空回去看看他们。

如今，我选择将这些记录下来，是对自己的一个交代，也是对那段与他们相处的美好时光的回忆。在这个过程中，我无比感谢我的老友——老闫，在给孩子们做饭的几年里，他同我一起辛苦奔波，对他，我无以为报。

在完成书稿的过程中，我的公司经历了破产；咖啡馆经营困难；期间我还遭遇了车祸；在斯里兰卡工作时，我经历了让全世界哗然的大爆炸……那段时间我身心俱疲。为了支撑店里的开支，我回到北京，每个周末驱车往返一百多公里到郊外的民宿给客人做饭，真的切切实实成了一个厨子。

在我的人生里，做饭是非常重要的一件事情。只要吃过我做的饭的人，都是我特别珍视的人，我都会精心为他们准备。无论是给山里孩子们做的愿望餐，还是咖啡馆里给顾客们做的甜点，我所做的每一餐里，并不是只包含了美味，还有我那份全情投入到食物料理中的热爱和坚持。

但当这份热爱和坚持，在挑剔的买卖中被冰冷对待时，我竟觉得做饭如此痛苦。我感觉人生跌到了谷底……

可是，人生在世，哪能事事尽如人意，如果不挣扎，怎么能知道自己站不起来呢？生活给了我们一千个跌倒的机会，我们就应该有一千零一次站起来的勇气。

现在，每个周末我依旧会去郊外的民宿做饭，然后在忙碌的间隙，或者客人休息后的深夜，写上一段故事。

渐渐地，我理解到"坦然"的力量，也愿意打开自己，开始真诚、如实地分享这些美好或者遗憾的往事。

虽然眼前的生活总是无法成为我们想要的样子，可它就是生活本身。世界看似冷漠刻薄，可细节处总有温柔良善，坦然面对，才不枉来世间一趟，咬咬牙站起来，生活会推着你往前走。

时隔半年，我总算写完了这部书稿。

因为写这本书，让我有了时间可以安静地回头，来面对真实的自己，看一看人生里的每一条小路和每一个选择。

这世上有那么多选择，有人不会选择，有人不停选择，我则不后悔选择。

此时，我再回想自己所做的一切，感觉人间很值得。

感谢生活，感谢读到这些文字的你们。

目录

辑一　叔叔的饭

辑二　家人闲坐，灯火可亲

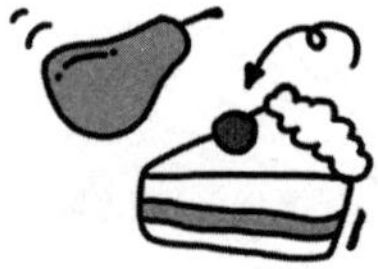

辑三　一切都是最好的安排

辑四　开错位置的咖啡馆

辑一

叔叔的饭

魏磊的比萨

给魏磊做比萨，是我决定开始给山里孩子们做饭后，完成的第一餐。

去魏磊家，要先从北京坐火车到汉中，行程将近十六个小时。路上我太无聊，便随手翻着放在包里的美食杂志，感觉北京的纷繁琐事就如同一片片消失在窗外的楼群一样，不再和我有关。偶尔会想这样的决定是否正确？给陌生的孩子们做饭，文化和环境的差异会不会为我这次“冲动”带来误会？但是一想到孩子们渴望而纯净的眼神，我又觉得这一切似乎都值得去期待。

因为，孩子始终是这个世界的未来。

魏磊的家，在陕西省西乡县一个很偏远的村子里。

坐落在山坳里的小村庄，有着典型的陕南农村风格，屋子的外墙都是用白晃晃的石灰浆粉刷的，上面盖着黑漆漆的砖瓦，映衬在翠绿的山峦之间，在阳光的斜照下，像一幅水墨画。

村子里面只有一条水泥路，更多的是布满砖块和石头的小道，蜿蜒的小道又在各家门前分岔出更窄的小土路。各家各户都会有一个院子，种上星星点点的青菜；堆置的干柴火垛旁，偶尔会有小土狗警觉地冲我叫嚷。我微笑地向路过的村民打着招呼，他们也都淳朴地回应着我。这种质朴的原生态问候，让我觉得既温暖又踏实。

路上几个未上学的小孩子，对我这个装扮“另类”的外来者颇有兴趣，嬉闹着在我身后一直跟着，我拿出准备好的糖分给他们。可能是没有见过这种样子的糖，几个孩子你看看我，我看看你，犹豫地接过我手里的糖，高兴地各自离去。

魏磊的家就在村子的南边。同样是白墙黑瓦的房子，墙根下整齐地堆放着砍好的干柴和一张方桌，房屋后面是一片有些年头的茶树，再往后便是连绵不断、郁郁葱葱的山林。门没有关，屋子里却没有人，厅里摆放的物件不多但很干净。地面应该是刚扫过的，一点灰尘都没有。侧面的厨房里，盘碗都整齐地摆在柜中，灶台也擦得很亮。

我拿起一个矮凳，走到院子里坐下，刚要卸下身上的双肩包，就听到不远处传来嗡嗡的摩托车声。不一会儿，一个妇女骑着一辆暗红色的大摩托车，带着三个孩子从外面进来了。她看到我并不吃惊，像早有准备一样：“你来得还挺早，我妹妹说你过几天才到。”

这应该就是魏磊的妈妈。长我一岁的她，是我高中同学的远方嫂子，我姑且也叫她嫂子吧。她脸上略微带着些憔悴，穿着暗色的短袖衬衫，烫过的头发披散在肩上，看起来真诚又充满生活的智慧。她把孩子带进屋里，出来对我说："你稍坐一会儿，我还要去接几个孩子，这个点正好他们放学。魏磊，你照顾好弟弟。"她面带歉意地笑了笑，又骑车走了。

孩子们从屋里拿出凳子，坐在一边的桌上开始写作业，我蹲在一旁跟他们打招呼。两个小孩子倒也不怕生，一边盯着我包里的糖果，一边吸溜着鼻涕围在魏磊哥哥身边写作业，不时地跟哥哥请教不会写的作业题。魏磊倒也很有耐心，一一给予解答。我把糖瓶子放在桌上，示意他们可以吃。两个小家伙立刻放下了铅笔，最小的那个孩子一把抢了过去，另一个也不示弱，紧紧抓住他攥糖瓶子的手，僵持起来。

可能是平时很少吃到糖果的原因，两个小家伙谁也不打算放手，眼看着一场"战争"即将开始。

这时候，默不作声的魏磊丢下手里的笔，一左一右分开了两个紧紧僵持在一起的小家伙，一只手拿走了那个糖瓶子，随着一声训斥，身边的小家伙们才安静下来。我原本以为他会自己打开罐子先吃，结果并没有，他只是轻轻地拧上了已经被打开的盖子，放到我面前的桌子上，随即又俯身写起了作业。两个小家伙一脸悻悻不乐，但面对哥哥的严肃，也只好作罢。

我被他的做法打动了，并为自己冒失的友好感到内疚。也许是因为第一次见面，魏磊的话并不多。虽然他已经上五年级了，可是在另外两个比他小的孩子面前，一点也不颐指气使，更多表现出的是对两个孩子的包容和照顾；而对我这个陌生的外地人，却是一脸警惕。

没多久，嫂子带着其他几个孩子回来了，原本安静写作业的小团体突然热闹了起来。一天没见面的孩子们，顾不得丢下书包，就围在一起兴奋地玩了起来，时不时看看我。不一会儿就有两个孩子因为争抢一本封面都破掉了的课外书，打了起来，红衣服的争抢不过，一屁股坐在地上哇的一声哭了。

原本在厨房烧水的嫂子听到这样的动静，走了出来。看得出，对嫂子来说，这是太习以为常的景象了，可对我来讲，面对这六个闹腾的熊孩子，顺利地做一顿饭可能是个难题。

嫂子并没有急于训斥，而惹事的两个小家伙却放大了嗓门儿，互相指责起对方来。只见嫂子不紧不慢，从其中一个孩子手里把课外书拿过来，并示意他们安静。脸上带泪的那个孩子，擦擦眼睛，闭上了嘴巴，一脸委屈，眼巴巴地望着她。

“回来第一件事，先把作业写完，之后才能玩！”嫂子语调温柔，却不怒自威。

“书我先收起来，作业写完后，让哥哥给检查，没问题了才可以看。到时候‘石头剪刀布’，赢的人先看。”

面对嫂子定下来的规矩，两个小家伙点点头，有点委屈地坐了下来。我顺势拿出糖瓶子，递给其中一个看起来比较小的孩子，想安慰安慰他。

“说谢谢叔叔！”嫂子对孩子们说。

“谢谢叔叔！”小家伙破涕为笑，接过瓶子，却怎么也打不开瓶盖子。

“魏磊，你帮帮弟弟。”嫂子示意自己的儿子。一旁的魏磊接过瓶子，轻松地打开了盖子，取出一个糖果，递给那个小家伙。

“吃吧吃吧，你们都可以吃的！”我怕他再把瓶子还回来，笑着对他说。

魏磊抬头看了看妈妈，感受到了母亲的默许，这才给每个孩子一人一个，自己也拿出一个，开心地吃了起来。

一场风波烟消云散，嫂子转身去厨房继续给孩子们做饭。我坐在几个小家伙身边，一边看着他们写作业，一边跟魏磊聊了起来。

魏磊说，他们家中平时有六个孩子，除了自己，其余的都是邻居家的。这些孩子的父母都在外地打工，一直由自己的妈妈照看。妈妈除了每日接送这些孩子上下学，收拾家务，还得下地干活。

可能是糖果拉近了彼此的距离，原本话不多的魏磊，看着我的背包，好奇地问：“妈妈说，你可会做饭了，是真的吗？”

“当然了，叔叔这次来就是为了给你们做饭啊，还能跟你们玩！”

“好啊，好啊！”原本都在安静写作业的孩子异口同声地说。

“你们想吃什么？叔叔都能办到！”

“谢谢叔叔。”魏磊歪着脑袋思索了半天，“我也不知道！”

“没关系，等你想好了再告诉叔叔。”

来魏磊家之前我从同学那里得知魏磊的妈妈高中时期成绩很好，也考上了一所不错的大学，但因家里的原因最终没有去上大学，她现在是村子里屈指可数的拥有高中学历的妈妈。外面的世界发展得很快，但小村里的时间似乎流淌得很缓慢，十几年间这里的变化并不大，只是村子里很多人都外出打工了，原本就安静的村庄，变得更加了无生气。魏磊的爸爸原本要嫂子同他一起外出打工赚钱，可嫂子觉得两个人都离开的话，会无法照顾到父母和孩子，便执意留在了村子里。

嫂子很勤快，不仅把家里收拾得干干净净，晚饭也很麻利地做好了。做完作业的小家伙们，吃完饭，排着队让嫂子检查作业，随后一哄而散，玩起了躲猫猫。他们虽然顽皮淘气，但看得出都很听话。

看到这样的情景，我对嫂子说："你管孩子的方法比较温和，都可以去北京当老师了。"

听我这么夸她，嫂子有点不好意思："哪有啊，只是给他们立好规矩，听话就奖励，不听话我就按约定的方式惩罚，习惯了，他们自然就这么做了。"

"可是，你把这么多孩子接到自己家里住，不嫌麻烦吗？不应该由他们的爷爷奶奶负责照顾吗？"我问道。

"之前他们一直是由各自的爷爷奶奶照看，可毕竟老人家岁数大了，有时候自己都需要别人照顾，又哪有精力来照看孩子呢？"盯着不远处在地上画画的最小的那个孩子，嫂子平静地说，"老人家毕竟认识字的少，很多娃娃写的作业，他们看不懂，娃娃为了玩儿，都是随便写写瞎糊弄，时间长了，学习都荒废了。”

说到这她叹了口气：“我都遗憾自己咋没多读些书，给这些小娃儿从小立个好规矩，对他们以后的学习肯定也有帮助。反正我照顾一个也是照顾，照顾六个也是照顾，只是多添几个人吃饭而已。”

其实我知道，现实并不像嫂子说得那么轻松。光是接送孩子上学，嫂子就要在这蜿蜒崎岖的田埂上走上好几回，遇到下雨、下雪，泥泞的山路就更不好走了。孩子们正处在长身体的时候，嫂子还要想着怎么能让他们吃得好一些，再加上给他们洗衣服，辅导作业，哪一样能省心呢？

天快黑的时候，原本在外面玩得无影无踪的孩子们，像听到了集合令似的，陆续跑了回来，并且给我带来了一个消息，他们要吃比萨！气喘吁吁的魏磊还跟我强调，因为自己不喜欢吃肉，希望我能做素一点。

我突然意识到自己没有带烤箱！正一筹莫展的时候，我一转眼看到了屋后的坡地，想着自己可以造一个壁炉，这应该不是什么难事。而做比萨最关键的是马苏里拉芝士，于是我连夜返回县城，在一家西餐厅里跟老板买了一份芝士，其他的食材也都在超市买齐了。

第二天我便返回了他们的村子。

正是油菜籽收割的季节。收割完的金黄色的油菜一簇一簇地堆在地里，村民们需要在雨季来临之前，把晾晒的油菜抢收到家里。再见到嫂子的时候，她正在地里忙着收割油菜。她已经换上了一件干练的短袖，头发扎了起来，戴着一顶遮阳帽，一双雨鞋沾满了泥巴，被太阳晒红的脸上挂满了汗水。

这段时间是村民们最忙的时候，如果不尽快把一地的油菜背回家里，一淋雨，油菜籽就会发芽，榨不出油来了。嫂子看到我们回来了，就撂下地里的活，一起回家了。

孩子们去了学校，跟之前的热闹相比，这个家安静得让我有点不适应。屋后的茶树丛里，有布谷鸟在叫。树下的坡地，是我昨天想好要烤比萨的地方。

陕南的土质不像陕北的黄土高原那样干燥瓷实，但因为气候湿润，含水的棕壤土也适合挖出一个天然的“烤箱”来。我们小的时候春游，会在坡地里挖土砌窑，烧几个红薯、土豆吃，所以我觉得在土坡上挖个洞用来烤比萨，和春游时候的操作应该差不了多少！

嫂子得知我要挖个炉子给孩子们烤比萨，连忙拒绝，觉得太过麻烦；最后拗不过我，就递给我一把铁锨，然后又返回油菜田忙活去了。

我太多年没用过铁锨了，用起来很不习惯，索性放在了一边。我在屋子里转了两圈，在厨房里找到了一把火钳子，觉得可以当撬棍用。院子边有一把倒垃圾的铲子，轻巧又顺手，用它应该很快就能挖个窑出来。

可现实远比我想象的困难，坡地的土壤又潮又湿，土里还缠绕着不少树根，很难挖出一个像样的洞。

我用火钳子在坡地上戳出一个个小眼儿，沿着这些小眼儿刨出一个圆洞，用小铲子一点点掏下去。没过多久，两只手掌就冒出来两个水泡，这可比春游时候挖洞烤红薯难多了！好不容易收拾出一个洞来，一块半埋在土里的石头冒了出来，我用小铲子的一头撬住这块石头，一使劲，“啪叽！”铲把儿被我弄断了！

此时的我又懊恼又着急，早就应该听嫂子的话，用那把锋利的铁锨了，现在弄断了铲子，他们铲垃圾的时候可怎么办？一边懊恼，一边回到屋子取来那把铁锨，因为前边练习了一下，现在用起来就顺手多了。

一个不大的土窑，我差不多掏了两个小时。在顶上掏出一个排烟的洞后，我又找来一些石块，贴在洞的边缘和四周，这样就能把四壁的泥土撑起来了。

洞挖好后，“发面”和“做酱”成了我接下来的主要工作。在高筋粉中，加一点干酵母和糖，再加一点盐和淡奶油，用蛋液拌匀揉开，醒发半个小时就成了柔韧又有弹性的比萨面团。

我挑出来两个最大的西红柿，用开水烫掉皮，在嫂子家那干净的土灶上，熬成了浓稠的比萨酱。按魏磊的要求，这次我没有放肉，而是把一个金黄的南瓜蒸得软糯香甜，用来做馅儿。

收拾完这一切，我去山脚的小河边洗了洗脸，一块躺在水底的光滑的石板一下被我看中了，这不正好用来放比萨吗？！我开心地捞起这块石板，准备回去清洗干净，恰好这时嫂子也接到了放学的孩子们。

一听说我要给他们做比萨吃，孩子们都高兴极了，纷纷要求加入帮忙，最小的两个家伙，连书包都不打算取下来，便往屋后挖好的“比萨洞”方向跑，魏磊也是一脸兴奋。

“给叔叔帮忙也得把作业写完了才行！”嫂子一脸坚定地对这帮小家伙下命令。

一个个失落的小脸上“写”着不开心，但很快又集体安静下来，围在桌子旁写起了作业。我擀开醒发好的面团，撒上一点干粉，薄薄地铺在捡来的石板上，再涂上红艳艳的比萨酱。

魏磊已经写完了作业，走过来在一旁新奇地看着。

“来帮叔叔擦奶酪丝！”我看着他的模样，忍不住想让他加入。孩子对于这件事情干得很顺手，应该是经常在家帮妈妈擦土豆丝的缘故。

在涂满酱汁的比萨上铺上一层厚厚的奶酪丝，再摆上软糯的南瓜，撒上一些沾满芝麻的甜蜜核桃仁，再放上一些开心果和杏仁，一份孩子们想吃的纯素比萨饼胚就完成了。等大家陆续写完作业，嫂子挨个儿检查完，小家伙们便兴高采烈地跟着我去烤比萨饼了，就像春游一样！

烤比萨饼用的柴火，是之前墙根下嫂子提前劈好的。小家伙们一人怀抱几根跟在魏磊的身后，这位大哥哥此刻有了一种首领风范，指挥大家把柴火整整齐齐地堆在比萨窑洞边，方便我取用。点燃柴火的土窑洞，没一会儿就变得暖暖的，在火焰的炙烤下，小窑洞四周的泥土也从深褐色慢慢变成了土灰色。我拍了拍土坑，感受了下温度与结实度，觉得差不多了，就对孩子们说："走，我们拿比萨去。"

孩子们欢快地跟在我后面，像一群开心的小鸟。我将铺好比萨饼的石板放进土坑里，然后告诉他们，十五分钟后你们就可以吃上美味的比萨了。孩子们目不转睛地盯着那张由白变黄，正在冒泡的比萨，仿佛下一秒那张饼就能出炉了。他们一个个脸上都挂满了期待的笑容，其中魏磊笑得最开心，不时地问我比萨什么时候能好。

漫长的等待随着土坑中飘来的阵阵香气而结束。我从滚烫的石板上铲下热腾腾的比萨，在桌上把烧煳的饼边儿切掉，再把剩余的部分分成均等的六份。孩子们早已迫不及待。魏磊的眼睛直勾勾地盯着第一次见到的美食，却没有急于动手，他很绅士地让弟弟们先选。最小的那个孩子早就等不及了，顾不得烫，拿起一块就往嘴里塞，一时间被烫得龇牙咧嘴也舍不得吐出来，引得大家哄堂大笑。看着孩子们天真而满足的笑容，我也像个孩子一样，开心地笑了。

嫂子非常感动，对我一次次表达着谢意。她知道吃比萨是魏磊的一个小小梦想，无奈山里偏僻买不到食材，自己又不会做。正好我帮她圆了孩子这一个小小的梦想。

我很理解她的感受。比萨这种食物对我们大部分人来说司空见惯，但是对在山里生活的孩子来说，他们没有冰箱，也没有烤箱，想吃一个红薯都得用火来烧，做一餐比萨除了需要手艺和设备，也需要花很长的时间准备。嫂子虽然勤劳善良，可面对身边的六个孩子与每天繁重的劳作，这种愿望，也是真的无法满足。

嫂了自己过得并不富裕，但却无私地帮助着其他五个无人照看的孩子，给他们吃穿，管他们学习，视如己出。这种博爱与坚持，至今想起来，都会令我佩服与感动……

小银娟的苹果炸鸡

第一次去小银娟家，正赶上她午休。当时小姑娘正趴在炕前的桌子上，聚精会神地看着一本《小学生优秀作文》。

比起同龄孩子白白嫩嫩的模样，小银娟的皮肤几乎可以用“黝黑”来形容，脸颊上有高原红，笑起来会露出两颗可爱的兔牙。最令人难忘的，莫过于她那双带笑的眸子，纯粹而灵动。

小银娟家在甘肃省陇南市，正读小学四年级，按照她目前的受教育水平，这本作文书里还有许多文字是她不认识的。每当她读到不认识的字时，就会用带着鼻音的陇南口音仔细地慢慢拼读，也会略带笨拙地探寻和学习这些文字背后的意思。

那一刻，我从她专注的眼神里，看到了她对知识的渴望和对未来的憧憬。

一个人的求知欲和对世界的好奇，无关乎环境和年龄。比起那些遇到困难和挫折就一蹶不振，破罐子破摔，又或者总是觉得自己输在起跑线上的人，小银娟的身上散发着一种不动声色的无畏，这种力量正无声无息地感染着我。

“叔叔问你，你最喜欢这本书里的哪一篇作文呀？”收敛思绪，我坐在桌前笑着问她。

大概是彼此间还比较陌生，小银娟看向我的眼神稍纵即逝，闪躲中还带着一丝羞怯。我看她又低头翻书，正懊恼是不是自己问得太唐突了，抑或不合适的时候，她却忽然间绽开了笑容，用手指着书中某处说：“是这个！”

说完之后，小银娟便用书挡住了脸，黑亮的眼睛眨了眨，有些害羞，之后又迅速地把书放了下来。这时，我看到她神色里有一丝无措，像是懂事太久的孩子无意间冲人撒了个娇，撒完之后又对自己的坦诚有些置疑。

对此我不由得有些心疼，怕增加她的心理负担，就势把书拿过来看了看，她指的那篇作文标题是《我的马大哈爸爸》。我乐了，问她：“你是想跟叔叔说爸爸也是个马大哈，对吗？”

小银娟下意识地点了点头，又猛地摇头，像是被人揭穿了什么秘密，笑容里隐隐有些害羞。我笑着从她身上收回视线，向门口望去，小银娟的爸爸（后文简称大哥）正提着半桶水从篱笆外走进来，孩子妈跟在他身后，手中抱着一捆刚摘的青菜。

由于长期在山里干农活，这对五十多岁的夫妻都有些驼背，头发花白，乍一看更像是这个十多岁小姑娘的爷爷和奶奶。

按当地的习俗，客人进门，主人要沏当地的罐罐茶来招待。我见大哥提着水进来，估摸着他可能是要烧水沏茶，就赶忙迎了上去："您不用客气了，我们带了水，跟孩子待一会儿就走，不用麻烦。"

大哥停下来，冲我们咧嘴笑了笑，质朴的脸上满是岁月留下的痕迹。他一手拎着水桶，一手随意地挥了挥，口中说着我听不懂的当地话，无奈之下我用求助的眼神看向小银娟。

"我爸说让你们留下来吃饭，晌午吃洋芋麻食子。"小姑娘用带着陇南口音的普通话给我翻译。

见她转述成功，大哥也跟着笑了笑，面色隐隐还有些许腼腆。面对大哥的热情朴实，我再客气下去未免不通人情，就和助手老闫互换了一下眼神，默认了留下来。

砖头垒成的垛子上铺着一张已经发黑的木制旧门板，上面叠放着几个白色瓷碗，一小包食盐靠在碗边。旁边是一小块木板做成的砧板，颜色暗沉老旧，上面的菜刀看起来也用了不少时日了。

我在里头瞅了半天一直没看到灶台的影子，不禁好奇地问大哥："没有灶你们怎么做饭呢？"

大哥大概知道和我不好沟通，并没有直接回答我的问题，而是笑着扭头看向小银娟，小姑娘反应快，迅速用手指了指角落里两个黑乎乎的泥墩子："那里！"

顺着她指的方向，我走过去瞧了瞧。灶台是两个用水泥砌成的小矮垛子，中间被掏空，最上方围着一圈金属围边用来放锅。这应该是我看到过的最简易的灶台了，心中不由得有些犯难，开始思索怎么用这个灶台来生火。

一旁站着的大哥似乎有些尴尬，我顾及他的感受，想着可能我不在场，他做事会自在许多。于是我便对小银娟说："走吧，我们去外面，你告诉叔叔想吃什么。"

屋外的院子边有两个草垛子，一个是用编织袋和塑料薄膜支成的三角小窝棚，上面铺着一层麦草秸秆，拴着链子的小花狗在里面龇着牙不停地冲我叫唤。另一个下面放着木板钉成的鸡笼，几只鸡被小狗的叫声吓得咕咕直叫，扑扇着翅膀在狭窄的空间里乱成一团。

小银娟从门口捡起一根棍子，还未有所行动，小花狗就立刻识趣地摇摇尾巴，躲进了窝棚。看到这一幕，她笑了，望向我的眼神里有些得意。

"说说，想吃什么？叔叔一会儿给你做。"

小姑娘没回应，蹲下去用棍子在地面上心不在焉地画着，小脸通红。过了好一会儿，她低着头轻轻地说了句："我不知道……"

"要不叔叔给你做炸鸡吃吧？"我试着问她。她抬头看了我一眼，目光随即转向一旁鸡笼里那群惊惶未定的鸡。

"别怕别怕，叔叔不是要打你们家鸡的主意。"看着她略带戒备的眼神，我不由得哈哈大笑起来。

"我想吃一个苹果。"大概是我的玩笑话拉近了彼此的距离。小姑娘像是鼓足了勇气，对着我来了这么一句。

“没问题！你等着我们回来吧！”说完这话，我就决定和老闫去县城采购。

由于想争分夺秒地把事情办好，我偷懒让小银娟代为转告我们出去采购的事情，没有和她的父母打招呼。车子开出去后，我从后视镜里看到大哥焦急地冲我们呼喊着什么。

原来大哥以为我们要走，便急匆匆地出来想要挽留。看着他着急的样子，我察觉到自己的做事风格在生活节奏相对缓慢的乡下是不合时宜的。大哥身为一家之主，在这种情况下还能追出来，这让一贯自诩为人处世还算不错的我感到羞愧万分。

从村子到城里，大概有半个多小时的车程，老闫开车，我在副驾驶用手机备忘录记下要买的材料。

“我们去哪里？”山路狭窄，老闫小心地开着车，目不转睛地盯着前方问，“你觉得他们这儿能买到鸡腿吗？”

“要不去菜市场试试看，还是新鲜的鸡肉好吃一些。”我打开手机导航，却没找到相关的地址，于是我们决定直接进城碰运气。

在开车十分钟就能转完一圈的小县城里，我们终于找到了一家规模相对较大的菜市场，蔬菜摊位、水果摊位、调料商店都有，但是却没有鸡肉卖。我们甚至连活鸡都没有见到一只，好在买到了还不错的苹果。

离开时路过一家烧饼店，老闫被炉子里飘出的香气吸引，买了两个烧饼准备当我俩的午饭。

我们继续在县城兜兜转转，最后总算在一家超市找到了冷冻的鸡腿肉。虽然远比不上新鲜的，但总归比没有强。

待回到小银娟家门口，我突然看到了屋后的几棵野樱桃树。六月初，恰逢这里的野樱桃成熟，树上挂满了红红的小果子，低处的樱桃基本被摘光，高处的又够不着，熟透的樱桃掉落在地上，偶尔有几只鸟雀过来，快速地啄起一颗，即刻间又飞走了。

“要不我们摘一点樱桃给他们吧？”我问老闫。

老闫调侃道：“我看是你想吃了吧！这情况，你只能爬上去吃个够了。”

“我们能上去摘点樱桃吗？”我指着樱桃树问赶过来迎接我们的大哥。

“可以，可以！”大哥这次的话我听懂了，很开心。

其实爬树不是我的强项，庆幸面前的这棵树并不算高，借助树干和枝丫，我还算比较轻松地爬了上去。刚刚扶着一旁的树枝站稳，我便意识到手边没带装樱桃的兜子。

正犹豫着该怎么办时，老闫突然在下边喊道：“你小心一点啊！”他的话音刚落，我就瞧着树下不远处升上来一个塑料提篮，低头仔细一看，原来是大哥拿着一根带着钩子的长棍，把篮子挂在上边举着递了上来。

他笑着示意我用提篮来装樱桃，我伸手接过提篮挂在树杈上，然后又接过大哥手中的长棍，用弯头钩把较远的树枝钩过来，一边摘着樱桃一边往嘴里送，不时丢下一串给树下的老闫。

这里的野樱桃个头偏小，不及小拇指的一半大，果核占了一大半，果皮很容易破开，味道鲜甜。因为没有特别好的保存和运输方法，所以在北京很难见到。

而我对这种樱桃的记忆，还停留在小时候爷爷种的那些野樱桃树上，此刻面对满树的果实，吃起来好像没个够，心中免不得怀念起儿时的美好时光。

小提篮装到一半时，半空中骤然响起几声惊雷，雨点跟着就落了下来。老闫和大哥连忙招呼我从树上下来，等我们一行人躲进屋里时，雨已经下得很大了。

雨水把院坝不平整的地面冲出无数道小小的溪流，窝棚里的小花狗趴在干草堆上，圆溜溜的眼睛一眨不眨地盯着地面的雨水，眼神莫名地有些清冷和哀伤，一旁鸡窝里的几只鸡，似乎也安静了下来。

看了看时间，差不多该是小银娟放学的时候了。

我看到大哥朝身上套了一张透明的塑料布，又拿起一把旧旧的雨伞准备出门。我知道他这是要去接小银娟，连忙拦下他主动请缨，告诉对方自己可以开车去接人。

从小银娟的家到学校，车程不过几分钟，步行却要花费半个钟头。这里的学生多数都是走读，每天要从家到学校往返两趟，加上地属黄土高原，日照强烈，所以孩子们脸上普遍都有高原红。

陇南的天气阴晴不定，车子还没开到宽阔一点的村道，豌豆大小的冰雹就噼里啪啦地下了起来，等到了学校，却又变得风和日丽，之前的一切仿佛都没发生过一样。

接上小银娟回到家，原本淌水的院坝已经干透了，我搬来一张小桌子，准备在院坝处理鸡肉。大哥抱过来一个柴火炉子，崭新的金属炉子一看就没使用过，旁边一堆柴火应该也是刚劈出来的。砧板换了新的，是一块刚锯好的松木，就连菜刀也磨过了。

这个不善言辞却不失细腻的男人，用他自己的方式，不遗余力地表达着对我们的欢迎和善意。

一旁的小银娟看起来很开心，她在一旁安静地剥蒜，我则用刀把一个个鸡腿里的骨头剔下来。等处理完鸡腿，小银娟就收拾起被剔除的骨头，我一开始还以为她要丢掉，正想说点什么的时候，却看到她径直走向了小花狗的窝棚。

接下来，我把处理干净的鸡腿肉切成小块，每块肉上面都尽可能保留一点鸡皮，这样炸出来的肉会更香，然后再用料酒、姜末、大蒜末、酱油、白胡椒、白糖、盐等调料进行腌制。

处理完这些，我突然发现忘了买鸡蛋，正和老闫商量着再去买时，大哥手里握着两个鸡蛋出现了，一切犹如神助。

我把鸡蛋磕在碗里打散，玉米淀粉和面粉等量拌匀，再把腌制好的鸡腿肉蘸一层粉，均匀地滚一层蛋液，再蘸一次粉，放在一旁准备下锅。

等锅里的油烧热，放进裹好粉的鸡块，“嗞啦”的声音响起，香气瞬间弥漫开来。小银娟大概是第一次见到这样做鸡肉，她在一边帮忙添着柴火，眼睛里满是好奇和期待。

待鸡肉炸到金黄捞出，把油温升高到七八成，再倒进锅里复炸一遍，等到外皮焦脆时，香喷喷的炸鸡就做好了。

我把苹果洗净切成月牙状代替柠檬，用洋白菜切丝垫底，摆上还在滋滋作响的炸鸡块，正准备端给小银娟，却在无意中瞥到下午摘的野樱桃。我想着放几粒野樱桃，这份炸鸡应该会更有卖相一些，付诸行动以后，果然不出所料，金黄的炸鸡块在桃红色樱桃的映衬下，变得更加美味诱人了。

“好啦！开吃吧！”我开心地招呼他们一家。大哥一边冲我们感激地摆摆手，一边示意我们一起。我和老闫一人拿了一块，把盘子递给了小银娟。

这时院坝突然刮起了风，天色也暗了下来，感觉又要下雨，我和老闫加快节奏，一个烧火，一个裹粉，马不停蹄地炸完了所有的鸡块，足足装了大半盆，这分量足够小银娟一家人吃上好几天了。

饭后，我和老闫帮忙收拾做饭的工具，小银娟拿着一块苹果蹲在门口默默地啃着，乖巧地看着我们干活。等到我们整理完炉火和炊具，大哥已打好了水给我们洗手。

天马上要黑了，我们怕夜间走山路开车不安全，便匆匆跟他们道别。到了车里，我才觉得肚子饿了，幸好还有中午买了没来得及吃的烧饼。

在这样一个天空打着闪电的夜晚里，在这条只能通过一辆车的山路上，老闫坐在副驾上一边吃着烧饼，一边给我指挥行进的方向，我们虽然饿着肚子，心里却异常满足。

希望小银娟他们一家，能安安稳稳、开心地生活下去。

聂萌萌的野草莓沙拉

有一阵子，“网红水果”成了我身边朋友们热议的话题。从“墨西哥牛油果”到“智利大车厘子”，这些进口的奇珍异果，经过商家对其营养价值的一番包装，便成了人们追捧的对象，随之而来的，则是价格的攀升。能否实现“车厘子自由”也成了大家对自己消费能力的调侃。

写作期间，正值草莓成熟的时节，除了越来越大颗的红草莓外，白草莓也悄然进入“网红水果”的队伍，在超市里一斤能卖到上百元。这种草莓口味和菠萝相近，周身白色，是南北美洲半岛草莓杂交的产物，因含有一种能分解蛋白质的“菠萝朊酶”而最早被德国广泛宣传引进。

看到这些被精心包装好，放在精品展示柜里的白草莓，我的思绪不免回到了两年前在甘肃陇南的那个夏天，在那里，我也见过一种白色的野生草莓……

甘肃省地矿局的张主任，负责甘肃省陇南市西和县苏合镇明星村和聂堡村这两个村子的帮扶扶贫工作。张主任看了我之前拍摄的孩子们的视频后，在我离开陇南的前两天主动联系了我，开车带我去了一个叫聂萌萌的小女孩家里，希望我能给她做一餐饭。

沿着歪歪扭扭的村路，我们好不容易找到萌萌家，却吃了一个闭门羹。紧闭的大门口荒草丛生，草丛里倒着一堆吃剩的炒土豆片，显得特别扎眼。大概是酱油放多了的缘故，本应该金黄色的土豆被炒得黑乎乎的，不注意看还以为是一片片的肥肉。

四下看去，周围一片白色的小果子吸引了我的注意。这是我第一次见到这种白色的像草莓一样的果子，比普通的草莓小很多，大概只有小拇指指甲盖儿那么大。

“这个，可以吃的！”张主任跟我说。得知可以食用后，我摘下最大的一颗，犹豫着丢进了嘴里。一种美妙的味道在嘴里弥漫开来！

浓郁的草莓香甜中带着一丝丝酸味，回味又有些香草的气息，入口即化的果子有奶油般的丝滑口感，就像草莓味的香草冰激凌！

我忍不住蹲下身子多摘了几颗，清爽的口感驱散了舟车劳顿带来的疲惫。张主任告诉我，这种野生的草莓学名叫“五叶草莓”，在甘肃、四川的高海拔山地上都能找到它们的踪迹，只是每个地方的叫法不同，这里的人管它叫“瓢儿”。因为外形和我们常吃的红色草莓差不多，我更愿意叫它“野草莓”。

六月末的陇南，在野草莓的点缀下，漫山星星点点，这种随处可见的野生水果自然就成了当地小孩们平时解馋的零食。

等了一会儿依旧没见到萌萌。我们询问了附近的邻居才知道，原来她去了隔壁村的姐姐家。萌萌是家里的老四，也是最小的那个，现在只有她还在上学，家里其他人都去天津打工了。母亲给人当保姆，大哥和父亲在工厂工作，三姐在一家饭店当服务员，而二姐因为刚生完孩子所以回到了村里照顾小孩。二姐家离学校远，萌萌只有在周末的时候才会去，平时，都是萌萌自己在家做饭吃。

去往姐姐家的山路蜿蜒崎岖，车子只能停在村子附近的山梁上，而姐姐家却住在看不见的沟底。通往她家的路上布满了深深浅浅的沟渠，应该是前几天刚刚下过的大雨冲刷出来的。因为被大雨冲刷过，黄土地泥泞不堪，极其难走，一脚深一脚浅，脚底很不稳当。不一会儿，我们终于见到了萌萌。

这个穿着校服的姑娘，马尾高高地束起，皮肤黝黑，脸上挂着两抹高原红，是大山里孩子最常见的样貌，只不过红色的校服外套把她的脸衬得更加红艳。她说话小声，有点害羞，但眼神却坚定明亮。

和我之前见过的其他孩了一样，由于平日里缺少父母的陪伴和教导，关于为人处事、待人接物的道理只能靠萌萌自己慢慢摸索，她的内心也因此变得敏感封闭，对于外部世界的人和事，保持着一种小心翼翼的试探状态。

我问萌萌想吃什么，我可以给她做。想起她倒在家门口的土豆片，我已经信心满满地想象出她狼吞虎咽地吃着我做的菜，并赞不绝口的样子。

“我想吃县城的肯德基……”她害羞地说。

我不禁惊奇，这样的小县城里居然还有肯德基?

西和县城很小，沿河而建，开车转一圈不过几分钟。我们兜转了几圈也没见到肯德基，搜索地图发现，最近的肯德基是在一百公里外的天水市。

难道是孩子理解错了?

给孩子们做了这么多次饭，我发现可能因为地区经济发展的差异，多数山里的孩子，对炸鸡、汉堡这类洋快餐都有着浓厚的兴趣。很多我们唾手可得的食物，却是他们魂牵梦绕的极致美味……

在汽车站附近，我们找到一家卖炸鸡、汉堡的西式快餐店，原来这就是萌萌口中的“肯德基”。

张主任说山里的孩子没有吃过真正的肯德基，因为在电视上总能见到肯德基的广告，久而久之，他们就把炸鸡、汉堡这类食物统称为“肯德基”了。

我本想连夜赶去天水市给萌萌买回真正的肯德基尝尝，却被张主任拦住了。一是考虑到晚上走高速的行车安全；二是路途遥远，买回来的食物怕都要凉透了。在他的坚持下，我决定就在这里买了。

这家快餐店的种类丰富，炸鸡、薯条、汉堡一应俱全，新鲜出炉的蛋挞冒着热烘烘的香气，看似味道还不错。

买好一大桶炸鸡汉堡后，我便寻思给萌萌DIY一个全家桶。我找到一家文具店，买了红色的背胶贴纸和马克笔，准备回去给她画出一个肯德基来。

买完东西后，我又见到了那种白色的野草莓。挑着担子的几位大姐，兜着箩筐在沿街叫卖，那一筐筐堆得高高的野草莓，她们得摘多久才能垒这么高！

我很想买一些带回家里，给家人品尝我初次发现的绝世美味。

“不行的！”大姐们听说我要买来留到明天给家人吃，连忙挥手，拒绝了我的要求。原来，这些入口即化的美味，特别不容易保存。因为质地柔软，放不了几个小时就会腐烂变质，所以当地人摘完后，都是当天吃完，绝对不会让这些美味放到第二天。

“喜欢的话，你可以拿一点尝尝嘛！”挑担大姐热情地邀请我品尝。面对这么两大筐美味，虽然我的内心有些不好意思，然而，还是按捺不住想要品尝的冲动，捏起一小撮野草莓就塞进嘴里了。因为着急和张主任踏上返程的路，我便和大姐匆匆告别了，但嘴里还留有野草莓的香味。

穿过三个街道，嘴里的甜蜜还没散去，我突然想到可以用这种当地的特产给萌萌做一道沙拉，正好在吃完油炸食品后用来解腻，便嘱咐张主任开车先走，我自己则回去寻找挑担大姐。

人生就像挑担大姐卖的野草莓，突然出现，只是为了告诉你：短暂而美好的东西，一旦错过，就绝对不会在原地等你。那位大姐不知去向，令我感到遗憾。

没买到大姐的野草莓，我又不甘心空手回去，最后只好去超市买了其他的水果替代。看到路边有卖自行车的，想到萌萌每天上下学的辛苦，便给她买了一辆粉色的自行车，正好我自己也可以骑着自行车回去。

曲折的山路，对我的体力来说，真是一个巨大的挑战。一个大坡接一个小坡，小坡之后又紧跟着一个大坡。蹬着给萌萌新买的自行车，半个多小时后，我的腿像注满了新鲜的柠檬汁一样，酸痛不已。

二十多里山路，我骑了两个小时，最后终于磕磕绊绊地回到村里。推着车子往回走，恰好遇见刚刚结束小学升初中考试的学生，他们三五成群地聊着天，讨论着刚才考试的题目或者假期的安排，轻松而愉快，不时传来阵阵笑声。蓬勃的朝气映照在明媚的笑脸上，绽放出来的是少年们的无忧无虑。这样的青春洋溢，也令我轻松了不少，疲惫褪去了大半。

我试图从人群中找出萌萌的身影，但并没有看到她。我想，她应该和这群孩子一样，虽然父母不常在身边，但好在还有同龄的玩伴，这样单调的生活才多了些趣味。

果然女孩子都喜欢粉色，萌萌回家一看到自行车，就爱不释手，居然主动让我教她骑。和第一次见面时的害羞相比，此时的她活泼了许多，对我也变得亲近起来。

突然想起没有买到的野草莓，我便提议让萌萌带我找一找有野草莓的山坡，我还是想摘一些给她做野草莓沙拉。

空气清爽的山里，伴着六月的微风，四处洋溢着野草莓清甜的香味。天空辽阔高远，阳光透过移动的云层洒了下来，明亮而清晰。眼前是明晃晃的绿，漫山遍野的野草莓在绿色里星星点点。远远看上去一大片，走近之后却又像掉落一地的白色糖豆，分散各处，灵巧可爱。抬头向更远处眺望，蜿蜒的山路犹如起伏的乐章，气势磅礴，震撼而优美。

见惯了纷纷扰扰的环境，我不免贪恋起面前这洗尽铅华的简单朴实，而对眼前风景习以为常的人却对喧嚣熙攘的世界充满无尽的向往和渴望。世人们总是习惯于追逐新奇的事物，却来不及欣赏身边的美好光景。或许，我们应时常提醒自己，放慢脚步去生活。

小小的野草莓真的很不好摘。成熟的果子紧紧地挂在枝茎上，多汁而脆弱。摘的时候，也只能用两个指头轻轻掐住果实根部，再用适当的力度揪下来。力量小了，果实无动于衷；力量稍过，就会把果皮蹭破。想起街上挑担大姐的那两筐卖相极好的野草莓，我不禁心生敬意，真是后悔当时没买。而萌萌对采摘倒显得轻车熟路，在她的“指导”下，我们满载而归。

从屋内搬来桌子，摆上食材工具，我临时鼓捣了一个小厨房。将买回来的水果一一洗净，切成小块，再淋上蜂蜜和柠檬汁，撒上萌萌摘来的野草莓，拌匀，沙拉就做好了。混合了各种水果的沙拉，令人垂涎欲滴，而野草莓则给这些自由组合在一起的水果增添了一丝原始且自然的香气。

买来的全家桶的桶身，被我贴上一圈背胶，原始的图案就看不见了，我再用白纸画上山德士上校的剪影和肯德基的英文字母，把那些炸鸡、薯条、汉堡、蛋挞统统装进去，一份肯德基全家桶就大功告成了，从包装到内容，一模一样。我暗自佩服自己这以假乱真的手艺，却又略微感到惭愧和心酸。

这是萌萌的第一顿“肯德基”，也是她第一次吃沙拉，或者说第一次以这种形式吃水果，她觉得很奇怪，但也很快喜欢上了这种吃法。当然，沙拉对她的吸引力完全不能和一旁的全家桶相比，炸鸡和薯条更能得到她的青睐，懂事的萌萌还特地留下一些要带去姐姐家和她分享。

天色渐晚，萌萌与我们挥手告别的时候都顾不上擦去手上的油渍，看得出来，她对这一餐很满意。我们依旧没有过多的交谈，甚至她也没有来得及说一声“谢谢”。但是我很清楚，这样的孩子，大概已经经历了太多次的感谢和告别。

有许多像我这样的人，会给山里的孩子带去礼物和关心，再短暂停留几日，离开后也很少再回来。这些来来往往的人，带来外界的信息，大抵是孩子们感受外面世界的最真实的来源。但愿这些深深浅浅的缘分，可以成为他们生命旅程里一些温暖的记忆，就像这些星星点点的野草莓，虽然不起眼却也有它独特的味道。

摘草莓的时候，萌萌和我说这个暑假她就可以去天津和家人团聚，也许不久后她就可以吃到真正的肯德基了。而当她再次回到山里，回到一个人的大房子里时，或许她会更懂得和家人在一起的美好时光，这将是她人生中最快乐的回忆，就如同我眼里那些散落满地、璀璨如星的野草莓一样，珍贵又美好。

丽丽的鸡块面

上寨村是位于山西省河津市一个靠近矿区的村落，灰色土砖墙垒成的院落，一户紧挨着一户。

大部分的院子都覆盖着厚厚的尘土泥垢，下雨后裹挟着泥垢的污水四处横流，进村的道路变得泥泞不堪。

可能是年轻劳力都去矿区劳作的缘故，村子里很安静，老人们聚集在一起晒着太阳，用我听不太懂的家乡话聊着家长里短。路边几个孩子在土墙边玩耍，笑容天真而灿烂。

丽丽的家和村子整体的环境相比，干净整洁得令人印象深刻。不到50平方米的小院子打理得井井有条，进出门的石墩子上干干净净，没有一丝尘埃，像是许久没有人来过。院子的地面上铺了一层灰砖，上面几乎没有村子里随处可见的灰土。

客厅和卧室在一个房间，家具虽简单，却干净如新。窗户下的大土炕上，简单地放着两床叠得四四方方的薄被褥，一床被面是金色的游龙戏凤，另一床是干净的小碎花。

九月秋凉，一眼看去，空荡荡的大炕上似乎少了一些暖意。

土炕对面的墙上挂着丽丽父母的婚纱照，看起来已经有些年代感，夫妻俩的表情虽然有些青涩，但洋溢着甜蜜和幸福。

人生总是不断经历着重逢和别离，令人痛心和感叹的是，就在我来的四个月前，丽丽的母亲因为癌症不幸离世。现如今，仍能很强烈地感受到这个家里残留的女主人的气息，父女俩都在努力维持和保护着丽丽妈妈在世时那种整洁的生活状态。

也许，很多时候保留与去世亲人相关的东西，是在世的人唯一的慰藉方式。

丽丽的父亲是一位朴实的农家大哥，沉默许久，他才点上一根烟慢慢跟我说起自己的故事。

“27岁那年，刚刚和她妈结婚不久，我就出了一场车祸，差点丢了性命。养了很久，虽然没有生命危险，但是却干不了太重的体力活了，平时只能靠打零工维持家里基本的生活花销。”说到这里，他顿了顿，喉咙哽咽，随后喝了口水，似乎是想努力将悲伤咽下去，不让眼泪在我这个陌生人面前流下来。

“这些年来日子一直过得紧紧巴巴的，全靠她妈在家里撑着，今年我37岁，她妈走了，我总觉得自己好像已经47岁了，就快要随她去了。”

这一刻我想不出任何语言可以安慰他，沉默良久，只能用手拍拍他的肩膀。

如果是一个身体健全的男人讲这样的话，或许会让人觉得不够爷们儿。但丽丽父亲的情况特殊，依赖了妻子那么多年，现在面对着失去爱人和生活重担带来的双重痛苦。

“说说孩子吧，大哥。”我怕他再难过，赶紧把话题引向丽丽。

“丽丽和她妈一样，以前平日里想要什么都会和我说。一次我要去平遥，丽丽和我说她想要一条裙子。我一到平遥就给她买了一条，回来以后我故意和她说，你看爸给你买啥了？她当时高兴得又蹦又跳，嘴里边还喊着：‘裙子！我还没穿过呢！’”

说到女儿的事情，大哥的情绪缓和了许多。可话音刚落，他突然又显得低落起来，低头吸起了烟。

“她妈去世之后，她想要什么就不和我说了，姑娘大了，跟爸爸说也不方便。你来了正好，她或许可以和你说说她想吃些啥。”说到孩子不愿意和他聊天谈心时，丽丽爸爸的脸上满是失落和无奈。这个朴实的山西汉子，此时此刻在我眼里似乎又多了份委屈。

小的时候我们都会有一些被自己视作秘密的事情，并且会在不经意间被父亲戳穿。这并非是父亲的特异本领，而是一个男人成长为“父亲”之后的本能，而与丽丽之间不断加深的代沟，也让做父亲的他愈发无奈。

收回思绪，我又对丽丽这个从小没怎么穿过裙子的小姑娘充满好奇。

傍晚时分，还在读六年级的丽丽放学回家了。稚嫩青涩的小姑娘轻声喊我叔叔，我看到她眼睛里有着不符年龄的成熟。

和我们打完招呼，她径直走到大炕对面的桌子边，摊开书包写起了作业。这是屋子里唯一方便写作业的位置。略显老旧的桌子上方就是那幅婚纱照，孩子只要轻轻抬头，就能随时看到妈妈的样子。

一时间我心里五味杂陈，但更多的，是对孩子的一份心疼。

我悄悄走过去，轻声问丽丽："明天放学你想吃点什么？叔叔可以给你做。"

丽丽不好意思地停下了笔，不假思索地对我说："我想吃鸡块面。"

我好奇又装作随意地向小姑娘询问原因，可她却只是摇摇头，什么也不说。

在山西，人们对面食的喜爱程度不输于陕西人，我想可能是她从小就习惯吃面食的原因吧。

其实我很早就发觉，这个家虽然干净整洁，但少了点平常人家的温暖气息。堂屋简单的灶具虽收拾得整整齐齐，案板上却看不到一副碗筷。墙壁上有烟火熏黑的痕迹，却能明显地看出来是几个月前留下来的，案板下有半瓶没用完的炒菜油，除此之外，没看到一点粮食。这样的景象，让人感觉这个家庭缺少烟火气。

丽丽爸爸说，家里已经好几个月没开火了，父女俩平时都是去老屋的爷爷奶奶家解决吃饭问题。我觉得这应该和丽丽妈妈的离开有关系，但一定也和丽丽爸爸的身体情况以及不善下厨有关。

而现在我可以做到的，就是满足丽丽想吃鸡块面的小小心愿。

作为一个从小吃大米的陕南人，我并不擅长做面条。第二天采购完所有食材，我不得不在网上学习手工抻面的技巧，差不多有把握之后，我按着大盘鸡的做法给父女俩煮了一锅热气腾腾的手工面。

一人一个鸡腿，鸡肉我平均分到了两个人的碗里，端给了坐在正房门口的父女俩。吃饭的过程中，他们俩极少说话和交流，丽丽爸爸只是默默地把自己碗里的鸡腿夹进女儿的碗里。看着他们相对无言的样子，我也有点儿难过，原本想说点什么活跃下气氛，最后还是保持了沉默。

直到饭后，我才问丽丽："你为啥想吃鸡块面啊？"

可能是相处了几日后，小姑娘对我已经渐渐卸下了最初的那份防备，也或许是那碗用心做的鸡块面，令她对我产生了某种信任。原本只是随口的一问，我以为会得到"觉得好吃"之类的答案，但此时此刻，却突然感受到对面小小身躯里传来了一股巨大的悲伤。

"因为妈妈……"说完这简简单单的几个字，小姑娘压抑许久的情绪终于爆发了，悲伤的抽泣声一点点变得强烈，我能明显地感受到她在极力压制自己的悲伤，免得身边的父亲也跟着难过。可这样的情绪怎么压制得住，一扭头，我看见孩子爸爸眼里也含满了泪水。

经过这几天的接触，我能够清楚地感受到父女俩之间的隐忍和难过。父亲不善言辞，女儿羞于表达。此时，丽丽能够释放内心的压抑，大声地哭出来，我想她内心一定经受了太多的煎熬和对母亲的思念，而这碗面恰恰帮她打开了宣泄的出口。

一直以来，身边的人经受任何困难和打击，我都可以安慰劝解，唯独这种失去所爱之人的痛苦，我总是无法安慰，只能忍下悲伤。

擦干眼泪，丽丽爸爸自责地叹了一口气，对着我感慨道："为什么孩子之前没有说过呢，还是家里日子过得太紧了，孩子不愿意说，怕我为难？

"以前丽丽妈妈说过想吃鸡块面，我尝试做过一次，但是做得不好吃，后来丽丽妈妈再说想吃鸡块面的时候，我就去饭店买给她吃。她去世之后，女儿也不怎么说话了，只是我去哪里，她都会跟着我去哪里。但凡我能带着她，我都不会让她一个人，我知道她妈妈不在了，我就是她唯一的依靠。"

语气里的那种无奈和心酸，我虽然无法完全感同身受，却能深深地理解，更能感受到他作为男人、作为父亲的努力和担当。

后来，通过和丽丽的聊天我才了解到，平日里都是孩子妈妈做饭。勤劳节俭的女主人除了要照顾一家人的饮食起居，迫于生计还得外出干活。习惯了节衣缩食的她，有天中午因为加班，没办法赶回来给女儿做饭，就带着丽丽下了趟馆子，俩人吃的就是鸡块面。

对丽丽而言，这碗普通的鸡块面之所以难忘，大概是因为那是和妈妈有关的最后的回忆……

分别的那天，丽丽站在院门口望着我的车渐行渐远，我从反光镜里看着小姑娘就那样默默地站着，不声不响。小小的身影在院门口白色的挽联旁显得孤单而无助，却又倔强和坚强。

我相信，懂得感恩的孩子，无论在什么样的环境中，都能好好地、努力地活下去。只希望此后经年，在她努力长大的岁月中，不要再承受这样的悲伤。

罗杰的酸汤水饺

其实，我很不擅长包饺子……

但是那天，我从下午一直包到晚上，心里一直盘算着，罗杰能吃多久……

罗杰家在陕西省汉中市西乡县，一个偏远的大山里。我初见他时，他正在上六年级，跟妈妈、弟弟还有妹妹住在一起，而爸爸则常年在外地打工。

我去找他的时候，没有想到会这么远，感觉像是走完了一辈子的山路。直到看到并不茂盛的竹林中出现一座水泥砂砖砌的小房子，我才终于看到了终点。

因为要给孩子做饭，每到一户家庭时，我最先关注的就是厨房。可能是因为不到做饭的时间，罗杰家的厨房看起来冷冷冰冰的。一个漆黑的土灶，外加看不出颜色的长条桌，就这样组成了罗杰家厨房的全部。

罗杰很羞涩，这一点也和大多数我接触到的农村孩子一样，尤其是当他们面对陌生的大人时。这种时刻，我一般就会亮出我的第一道撒手锏：递上随身带的糖果。罗杰不好意思地笑了笑，接受了。

当我问起他有什么想吃的东西时，“酸汤水饺……”原本羞涩的孩子，几乎不假思索地回答道。

这让我很意外。我以为他也会像其他的小朋友一样，要求给他做一些平常吃不到的东西，比如比萨、面包等，但酸汤水饺，几乎是陕西人家家都会做的传统主食了。

陕南的水饺，重点在酸汤，而酸汤的灵魂则是又香又辣的油泼辣子。因为地域习惯，陕西人的饺子除了像传统北方一样煮完不加任何东西，直接蘸醋干吃之外，还有一个特色便是带汤吃。

用多种调料混合调配的酸汤，醋是其中的关键。

陕西自北向南，按地域分成陕北、关中、陕南三大区域，对酸度的喜好自北向南递减。陕北人或许因为靠近山西，偏爱酸些，关中次之，陕南居后。但是对酸汤水饺的辣度喜好，却是由北向南，逐次递增，陕南人喜好饺子汤偏辣的特点，也可能是由于和四川相连的原因。所以红通通的油泼辣子在陕南人的酸汤饺子里最受欢迎。

到北京多年，我早就习惯了各种节日的饺子蘸醋，再拍点蒜末，已经很少做酸汤水饺了。当然主要还是因为从小生长在陕南，吃米饭长大，并不擅长面食。

但是孩子有了愿望，我就要全力去做。

我先回城里准备好了食材和工具。返回罗杰家包饺子的那天，正值农忙，罗杰的妈妈像往常一样很早就出门了，只剩下我、老闫和几个小朋友，需要什么工具都是罗杰给我指指大体位置，我来翻找。

在屋子里转了两圈，我试图找一个方便和面的案板，却未能如愿。罗杰躲在一边，小心地看着我，怯怯地跟我说他们家里并没有案板。

何止没有案板，擀面杖、装饺子的篦子，一个都没有……

这个山里的孩子，究竟经历着怎样的人生？如果不是来到这里，我真的很难去想象，他已经这么自然地生活了十三年，并且在这样的环境里构建了属于自己的小世界，看起来从未有什么缺憾。反而是我们这些远道而来的城里人，站在我们的位置，为他们未曾经历更好的人生，而觉得遗憾。这会不会是一种自作聪明？我无法再继续想下去。

在卧室里找到了一张摆满了各种杂物的木头方桌，我和老闫把桌上的物品收拾利索，将桌子抬到厨房清洗干净，就当案板了。而随身带的擀面杖此时就派上了用场，幸好我明智，走之前在包里装上了它，否则怕是要削根棍子当擀面杖用了。

关中人的饺子偏爱羊肉馅，偏酸的饺子汤能遮挡一些羊肉的膻味；陕南人很少吃羊肉，饺子馅则以猪肉为主。我太久没在老家吃过饺子了，一时间都忘了小时候在家时，爸爸经常包的饺子是什么口味，只是记得以前每年正月初二去外婆家的时候，那种饺子的味道。

外公离世过早，留下外婆一个人独居多年，除了平日里的探望，每到正月初二，爸爸就带着我们全家，去给外婆包一次饺子。炉火烧得旺旺的屋子里，暖暖和和，爸爸和面，擀面，调饺子馅，我和妹妹则拿着饺子皮玩得不亦乐乎，包出各种稀奇古怪的形状来。

每次爸爸都会包出很多饺子来，摆满好几个篦子和筛子。后来才理解，包出那么多放着，是为了方便外婆多吃几次。再后来随着外婆的离去，我也到了北京工作，一家人围着炉火包饺子的日子也就永远留在了记忆里。

这次的饺子馅是猪肉的。我拿起罗杰家的刀剁馅时，却发现这把旧刀根本不适合切肉，只好起身去屋后的石头上磨。

看到我们忙忙碌碌地准备，罗杰也慢慢跟我们熟络起来，加入了我们。

“为什么会想吃酸汤水饺？”我问罗杰。

“因为只有爸爸回来，我才有酸汤水饺吃……”罗杰腼腆地说。

罗杰的爸爸，其实是继父。他对自己的亲生父亲或许已经没什么印象了，继父也只是每年回来一两次。对于他来说，有酸汤水饺吃，就是一种幸福。

虽然爸爸常年不在家，可每次一家人团聚在一起的时候，锅里的汤、炉上的火、碗里的酸汤饺子，再加上屋子里的腾腾热气，对孩子来说，这样简单的幸福就已经足够了。

把五花肉剁馅，虾仁切碎，拌上葱姜蒜的碎末，加一点切得细细的韭菜，拌上调料，再淋上一点核桃油，沿着一个方向使劲搅拌，叔叔版家常肉馅就调理完毕了。

我和老闫，一个擀饺子皮，一个包饺子，虽然大家动作都不太熟练，倒也包得顺利。包了一下午的饺子，动作开始变得有些僵硬的我们有一搭没一搭地聊着天，不知不觉天就黑了。这些饺子应该够罗杰一家吃上两天了，自始至终老闫都没有问我为什么要包这么多，我们在很多事情上有着惊人的默契。

包好了饺子，罗杰已经在灶台生起了柴火，老闫提来一桶水，刷好锅，冒烟的灶膛里柴火烧得噼里啪啦，好像已经等不及让饺子下锅似的。

我在一旁配制调料，准备酸汤。凭着对小时候父亲调汤的记忆，我把葱姜蒜剁成了细细的泥，稍微加了一点盐腌了一小会儿，渗出淡淡的汁水后，将滚热的菜籽油泼上去，刺啦一下子便香气扑鼻。

把两种不同的辣椒粉混在一起，加一点大料、草寇、桂皮等香料磨成的粉末拌匀，撒上点白芝麻，再用热油一浇，油泼辣子也就好了。

给碗里调上盐、醋和白胡椒，加一点糖和生抽，再来半勺油泼过的葱姜蒜，等锅里的饺子汤沸腾了，倒上小半碗，盛满刚出锅的滚烫的热饺子，最后淋上一点辣椒油，酸辣酸辣、温和又强烈的香气便扑鼻而来。

做这一切的时候，三个孩子眼巴巴地围在灶台前，目不转睛地看着。我想，他们的爸爸在家煮饺子的时候，应该也是这样的场景吧！在那个时刻，简陋的厨房仿佛变成了家里最温暖的地方。

给孩子们一人盛了一碗饺子，端到包饺子的小桌前，三个孩子吃得非常开心，我坐在一旁也像一个父亲似的，一脸满足。罗杰突然意识到什么，夹起一个饺子，冷不防地喂到我嘴里。

不知道是什么原因，我在那一刻突然流泪了。

小时候，并不觉得酸汤水饺有多么好吃，我爸隔三岔五就会做一次。他的双手仿佛有不一样的魔力，即使找不到擀面杖，也能靠着啤酒瓶，擀出又薄又圆的饺子皮；包饺子也显得特别容易，双手一窝一捏，就是一个。包好的饺子，每一个都长得一样，规规矩矩的。

每一次，他都会多包出来一些饺子放在冰箱冷冻室里，想吃的时候，随时可以煮上一碗。吃上一碗热气腾腾的饺子，慢慢吸溜着喝下热汤，从中感受到的是父亲最简单的爱。那个年幼的我，跟渴望吃上一碗酸汤水饺的罗杰又有什么分别呢？

人的味觉真的很奇怪，时间越是久远，记忆越是深刻。视频可以记录，照片可以封存，舌尖体会到的酸甜苦辣却无法言传，无法与人分享，甚至随着我们年龄的增长，味觉的记忆也会慢慢变得模糊而混淆。任你吃遍全天下的酸汤水饺，也找不到记忆中的那一碗。我们常说的“故里难回”，指的大概就是再也找不到儿时的味道了吧。

对于我们来说，“吃”是很重要的事情。就连逢人最常用的问候语也不是“你好”，而是“吃了吗”？最常说的话不是“常来玩”，而是“人多不过添双筷子嘛”！甚至连最美的情话也不是“我爱你”，而是“带你去吃好吃的”。我们每天要花四五个小时的时间在“吃”这件事上，真的只是为了填饱肚子吗？

其实，吃谁做的饭，跟谁一起吃饭，才是我们真正在乎的事情。

眼看罗杰的酸汤水饺见了底，突然想起一句话来：对未来的真正慷慨，是把一切献给现在！

我也该回去看看我爸了！

小萍子的花环泡芙

大河坝乡是我老家县城最偏远的乡镇。

若小孩子不听话，总会听到家长吓唬他们说："再哭，再哭就把你送到大河坝去。"而没去过大河坝的多数人，都一度传言：大河坝是一片原始的深山，经常有豺狼和棕熊出没，而且那里的人一辈子都没出过山。

春节过后没几天，我计划去看一位名叫小萍子的姑娘，除了她之外，还有一位名叫庆娃子的小男孩，以及另一名还不知道名字的小女生。他们的家都在大河坝乡，只是分属不同的村子。恰好表弟放假在家，不放心我一个人上路，便陪我一起去了。

临行前，我们也做了不少准备工作。车子去修理厂仔细检查了一遍，刹车油、防冻液、胎压仪等，如同每年春节时要从北京开车回老家一般细致。除了准备路上打尖的吃食和水，我还准备了一台照明用的手电筒和平时户外做饭用的瓦斯炉，以防晚上在路上过夜。

“要是真的在山里过夜，遇见狗熊怎么办？”表弟一本正经地问我。

“对啊，这是个问题！我觉得你年轻，狗熊应该比较喜欢吃你！”我一边开玩笑逗他，一边默默地把几把厨师刀装进包里。

就这样，在家吃过午饭后，我们给车子加满了油，往大河坝的方向驶去。

节后不久的农村，已经没有了春节期间的热闹，大概是很多回家过年的打工族已经陆续返城的原因，乡道两旁的村落和年前的萧条别无二致，只有鲜艳的春联还能令人感受到一些喜庆的气息。田里的油菜已经半人高了，一片片，绿油油的，偶尔可以看到里面挎着竹篮拔草的老人。

开了差不多半个小时，我们到了一个叫作峡口的镇上。驶过一座石桥，原本宽敞的路面一分为二，往左的水泥路崎岖蜿蜒，狭窄的路旁竖着指示牌：大河坝方向。

“这是我小时候到过的最远的地方了。”我不由得跟表弟感叹。

大概在二十年前，在懵懵懂懂上初中的年纪，我偷偷地喜欢着一名长头发的女同学，她就住在这个小镇的街上。也是初中的某个春节后，我鼓起勇气花了两块五毛钱，买了张车票，坐了差不多一个小时的乡村小巴车来看望她。或许是意识到了什么，我们原本在学校里轻松的相处状态变得疏远，她和我一前一后，始终保持着一定的距离，沉默着，绕着短短的小街道走过一圈后，最终来到了这座石桥。看到左边那条蜿蜒曲折又看不到头的窄路，我最终失去了继续走下去的勇气，垂头丧气地搭上了返回的汽车。

“那她现在在哪儿呢？”表弟好奇地问。

“听说是嫁到了深圳。”车子颠簸起伏，我心如止水。

“嫁那么远！”弟弟一脸八卦。

沿着窄路开了没多久，油菜田就看不到踪影了，左边的山谷变得越来越深，路面与谷底的距离也越拉越大，无数的山石堆满了谷底的河沟，这些半躺在水里的巨大山石，经过流水的冲刷变得圆润白净，和道路右侧的壁立千仞形成了强烈的反差。

我意识到接下来的路并不好走，不由得握紧了方向盘。

山路曲折迂回，见不到一个人影。偶尔有载满返城乡民的小巴经过，我不得不减速，尽可能地贴边停车，以保证会车的安全，小巴司机也总会探出车窗，挥手致谢。

开了一个多小时后，我们放眼望去，远处的群山影影绰绰，朦胧在缥缈的灰色云烟里；而近处的山上布满了松柏的深绿，这些深绿之间夹带着“Z”字形的山路，盘盘曲曲，像一道道细细窄窄的面条，延伸到远处，就再也看不见了。

这样的山路就像成年后我们要面对的人生挑战，当你好不容易登上一个峰顶，一抬头，下一座大山又到眼前，回过头时，家在哪个方向，自己也说不清楚了。

在山顶休息了片刻，我们继续上路，翻过山顶的路面变得宽敞而平整，路边铺满新挖掘的泥土，看得出这条路是新修不久。山坳里背阴的积雪还没化完，雪水顺着路面向低处潺潺流下，车轮驶过，溅起闪亮的水花。路面上不时会遇到塌方落下的石块挡道，我们不得不下车徒手搬开，就这样走走停停，五个小时后，顺利地抵达了小萍子所在的村子。

我们将车停在村委会门口，小萍子的爸爸早就在路边等着了。这位憨厚朴实的大哥看起来比我年长不了几岁，看见我们到来，热情地招呼我们上他的摩托车。原来，他们这个村子刚刚修好的村道只通到村委会门口，而去小萍子家大概还有两公里多的山路，只能用摩托车代步。

说实话，我有点后悔坐上大哥的摩托车。颠簸的山路布满了石头，这些石头并不是常见的鹅卵石，而是一块块硕大的埋在土里的岩石，有些露出的多，有些露出的少，却都同样坚硬粗粝。摩托车载着我们三人，歪歪扭扭地行驶在这样的路上，每经过一个陡坡，我都能感受到大哥的紧张和胯下摩托的吃力，心惊胆战的我又不好意思中途要求下车，索性紧紧拽着他的衣服闭上了眼。想必我身后的弟弟也是这副模样。

为了迎接我们，小萍子家人早就准备好了饭菜等我们一起吃。

一桌的菜冒着热气，屋子正中央的火塘上（火塘，又叫“火坑”，有的地方也称“火铺”，是在房内用土铺成的一米见方的土地），黑色的鼎罐里飘出诱人的饭香，下面的柴火烧得正旺，一屋子热气腾腾。小萍子的爷爷热情地招呼我们上桌，但是令我不解的是，屋子里除了他们一家六口，还多出来另外三位大人。

“这是我的二弟和三弟，还有我的妹妹。”大哥看我一脸疑惑，连忙解释，“明天不是元宵节了吗，他们来我这儿热闹热闹。”

“半辈子了，这是我们四个兄弟姊妹第一次在一起过年。”大哥说。

原来，大哥老家是在邻县的农村，小的时候因为家里穷，他被父母送给一起干活的朋友收养，之后就随着养父母来到我们县城的大山里，再也没有回过一次老家。因为交通闭塞，信息不发达，三个兄弟姐妹三十多年都没有见过自己的兄长。后来，村子里有了电话，他们终于联系上了，直到现在，山里的路通了以后，才有机会来看兄长，这也是兄妹四人三十多年来的第一次见面。

一家人重逢后的喜悦，并没有表现得像电视剧里演的那样一起抱头痛哭，只是随意喝酒聊天，但我仍感动不已。在我的提议下，饭后为他们拍下了一张合影，按下快门的那一刻，我一路上的疲惫一扫而光。

饭后，是和孩子们嬉戏的时光。

小萍子和妹妹因为我的到来变得活跃起来。咬字都不太清楚的妹妹围在我身边，重复地对我唱着“好一朵美丽的茉莉花”，这是她姐姐最喜欢的歌，一边唱一边摇头晃脑，一直玩到趴在我腿上哈欠不止。大人们在火塘边不紧不慢地拉家常，我和弟弟起身告辞，被大哥拦住了，执意让我睡在家里。可是盘算了下，这么多人，家里三张床无论如何也是睡不下的，如果我们住下，说不定大哥就得在火塘边打地铺了，于是我们坚持着要睡在车里。拗不过我们，他们只得同意。找到一个手电筒，父女俩把我们送回村委会门口的车里。

山里的夜晚真是出奇的安静，手机没有半点信号，头顶繁星闪烁，在深蓝的天幕下忽明忽暗，仿佛伸手就能碰到。我和弟弟顾不得夜晚的寒意，打开天窗，无比兴奋地拍摄这在城市里少见的美景。

“要不咱们明天早点儿回去吧，我想早上给他们做一顿元宵，难得他们能团聚。”我和弟弟商量道。

“我也是这么想的。”他煞有介事地说，“但是今晚睡在这儿，遇见狗熊了怎么办？”

“哈哈，你比较胖，狗熊应该比较喜欢吃你。”我还在继续逗他。

可能是车里过夜确实不舒服，又或许是山里的鸟叫声太过响亮，早上6点我俩就醒来了，带上背包和炉子到了小萍子家。兄妹三人不见了踪影，原来他们已经出发回家了。因为最近的小巴在十公里外的集镇上，所以他们不得不半夜摸黑动身，走两个小时的山路，赶早上6点钟的小巴车。

给一家人做一顿代表团圆的元宵的计划就这样遗憾地搁浅了。虽然嫂子已经包了一些芝麻白糖的元宵等着送亲戚的大哥回来煮，但我还是决定包一些不一样口味的给两个孩子吃。

糯米粉是小萍子家的，我用随身带的烘焙色粉调成不同颜色的鲜艳面团，再包上路上没来得及吃的麦丽素巧克力豆，就成了简单的巧克力元宵。

我满怀期待地煮好元宵端给两个孩子。看着漂亮的元宵，她们迫不及待，一口下去，小萍子却皱起了眉头。

“是不喜欢吃吗？”我问她。

她不好意思地看着我，点点头。

我夹起一个元宵尝了一口。因为皮厚馅儿少，吃起来果然没什么味道，顿时心生愧疚。

这种愧疚感一直延续到我们返程回家的路上，我对自己做了一次孩子不喜欢吃的食物而耿耿于怀。

“不如我们再去一次！”弟弟提议。

“你不害怕狗熊吃你了吗？”我逗他。

第二天一早，我们便开始准备进山的食材。因为小萍子并没有明确表示喜欢的食物，所以我有一些犯愁。后来想起那晚妹妹喜欢唱的茉莉花，山里吃甜点蛋糕应该是极不容易的，不如给她做一个花环泡芙！

就这样，准备好做泡芙要用的烘焙材料，后备厢里塞上我的烤箱，我和弟弟再次上路。上次去她家我还带了几把厨师刀，但这次我就放下了，替换它们的是我妈给孩子们整理的几包衣服和玩具。

有了上一次开车进山的经验，这一次显然要顺利许多。我们一路没有休息，开了差不多四个小时的车，就到了村委会。远远就看见小萍子领着妈妈和妹妹在路口等我们了，这次没看见大哥的身影，问过才知道，他一早就搭小巴进城，准备返回山西的砖厂去了。我们在路上应该和大哥擦肩而过了。

没有了大哥的摩托车，最后两公里远的山路只能靠我们自己步行。我们跟附近的老乡借来两个背篓，装完一后备厢的东西，顺势把烤箱也捆在了背篓上，嫂子执意要背捆着烤箱的那个背篓，但作为一个男人，我怎么能让嫂子背重的那个呢！

看着她轻松地蹲下，将竹质的肩带绕过肩膀，不慌不忙起身，动作一气呵成，我也装模作样地蹲下，背好肩带，努力起身……

呃……我好像高估了自己的力量！

坚硬的肩带勒得我肩膀生疼，因为又绑上烤箱的原因，背篓的重心上移，身子便不得不向后倾，腿上使不上劲，自然就站不起来。

小萍子和妹妹看着我狼狈的样子，咯咯地笑了起来。表弟递给她们一人一个玩具，让她们俩在前面带路。嫂子转身回来帮我往前一推、一托，我就站起来了。

我们一群人就这样踏上了回家的山路。

这大概是我走得最痛苦的一段路程了。坚硬的背篓压在身上，我感觉自己好像背着一块巨大的磨盘，背带在肩膀上火烧火燎地摩擦着，每走一步就撕扯一下皮肉，双腿沉重又踉跄。因为背篓比较高，我不得不伸长脖子弓起腰，撅起屁股支撑背篓的底部，宛如一只笨拙的呆鹅。

大概五百米后，我觉得胸口有一团棉花结结实实地堵着，嗓子也变得发紧，后背和额头开始冒汗，趁他们都走在了前头，我一屁股靠在了路旁凸起的岩石上大口喘气。

小萍子看到我，转头跑过来，对我说："叔叔，你是不是背不动了？"

"怎么会，叔叔力气大着呢，就是停下歇歇！"我冲她摆摆手。

"我们以前上学的时候，也要这样歇好多回呢！"她一边帮我托着背篓，一边说。

"你们去学校要多久？"我问她。

"以前要走四个小时，现在妈妈骑摩托车带我，一个小时就到了。"

听到这儿，我惊讶了。突然想起来我们开车来时经过了一个村子的一条街道，学校应该就在那条街道上（后来我才知道那个村子是楼房村）。不到三十米的街上，每天只有一趟从县城来的小巴车往返，也就是之前久别重逢的兄妹三人连夜赶路要搭乘的那一辆。成年人的腿脚好，都要走两个小时，小萍子那么小，步行的时间肯定是要翻倍的！

"四个小时！那么远！"我惊讶道。

"我爸爸说上学走四个小时不算远，要是不上学，长大了就要走四十个小时去打工。"看到她一脸认真，我一时间，不知道该说些什么……

一路上，我们走走停停，歇了好多次。终于，背着背篓，我们一行人到了她们家。顾不得台阶上的泥土，我一屁股坐在了上面，卸下背篓的瞬间，仿佛重新活了过来。

小萍子的爷爷正赶着一头黄牛春耕，耕完这片地，他计划去弟弟、妹妹家看看。温驯的老牛一边嚼着稻草，一边慢慢悠悠地拖着犁，紧跟在身后的是一群鸡，探头探脑地找寻犁头翻起的虫子吃，灰黑色的泥巴里有的种子已经冒出了绿色的嫩芽。

这一次的甜点做得特别顺利，巨大的花环泡芙让两个小家伙开心到手舞足蹈。剩余的材料足够再做一次甜点。小萍子说庆娃子家就在村委会对面，而那位不知名的女孩子家，距离比较远，要走三公里多的山路。

纠结再三，我选择了给庆娃子做闪电泡芙。因为三公里多的山路，让我望而却步，自己体力上已经不够支撑到那位女孩家了。

回家的路上，我暗自许诺，等有空一定要再来一次，用心做一次蛋糕补偿那位小姑娘。可直到如今，我都没有兑现诺言。

都说有想见的人，距离多远都有时间。而我可能需要一次像表弟说的那句“不如我们再去一次”的勇气。

毕竟有些遥远的距离，其实是自己想象出来的，等我们真的去做了，就发现没那么难。希望今后的日子，我也能不被未来的恐惧所打倒，而是选择更多可能性的尝试。

闫书豪的烤鸭

自从我开始给山里的孩子们做饭，老闫就一直陪着我，如同我的左膀右臂，随我一起走过山西、甘肃和陕西。

五个月过后的某一天，老闫突然发来信息说："接下来我可能没办法再跟你一起进山了。"

听到这话，我有点失落，但是也坦然接受了。因为我心里一直都明白，这一天迟早会到来。

老闫是我大学时的学弟，虽然我们属于不同的系，但却是很要好的朋友。大学的时候，老闫看我们乐队玩得火热，也买了把贝斯，执意要加入我们。没有任何基础的他，每次排练必定早早地赶到，即使弹错了音符，也会一直沉浸在音乐中，一脸的陶醉。

大学毕业后，老闫弹贝斯的技术虽然没有太大长进，但他却勇敢地选择背着琴，只身来到北京。在那些北漂的日子里，老闫和我有着极其相似的人生轨迹。年轻时拍片熬夜，耗费掉大半青春，再后来，开始创业了，却屡屡受挫，最后还是回归到了拍片子的老本行。我俩唯一不同的是，老闫在年轻的时候便早早结了婚，有了孩子。

“如果有时间的话，咱俩能不能回趟我老家，给闫书豪做顿饭？”老闫在信息里这样问道。

闫书豪是老闫的儿子，今年十一岁，在北京出生长大，上完了幼儿园，因为户口问题，就被老闫送回了河南老家上小学，只有寒暑假才会到北京和父亲团聚。

十月底的中原大地，已经有了丝丝寒意。我们驱车七个小时，赶在天黑前来到老闫在市区的家里。

小家伙早就在家里等着了，为了迎接我，专门在平时练字的小黑板上写上了“叔叔的饭”几个字，看到我进门，便礼貌地跟我打招呼：“舅舅！”

这是他从小就习惯的对我的称谓。因为老闫的爱人也姓张，所以我就一直以娘家人自居，孩子也就理所应当地叫起了舅舅。

孩子看到爸爸，并没有表现出太多的热情，打完招呼就去一边玩了。老闫一边换着拖鞋，一边轻声数落他把屋子里又弄乱了，书豪也不搭理，偶尔被老闫问起学习街舞和架子鼓的事情，才会抬头回应。

饭桌上，我们一边吃东西，一边说着这次回来给书豪做饭的事情。孩子一脸诧异地问：“我们不是已经在吃饭了吗？”

我连忙告诉他，这次和他爸爸回来是专门给他做饭的，有什么想吃的都可以提。

“那我想吃烤鸭！”小家伙兴奋地冒出一句河南话。

和大多数北漂一样，老闫虽然在北京很多年，但是对烤鸭却并不感冒，有外地的朋友来时，才会特地带着去吃一次，平日里自己基本不会光顾烤鸭店。我们打趣说，请来北京的朋友吃烤鸭，是一个北漂对朋友的最高礼遇了。

书豪和妈妈每个寒暑假都会到北京小住一段时间，这是老闫一年里伙食最好的时期。因为平日里凑合着填饱肚子的他，在那段期间，会变着花样带老婆孩子去北京的各种饭馆吃饭。

或许是从小在北京长大的缘故，书豪痴迷北京烤鸭，每次到北京，烤鸭是必吃的，来的时候吃一次，走之前再吃一次。

饭后，老闫找出厨房里的烤箱来。这个迷你的小烤箱，鸭子肯定是放不进去的，我们最终放弃了使用它的想法。

“要说好吃，烤鸭得用土窑和果木来烤啊！”我对他说。

老闫思索了一会儿，商量着跟我说：“要不咱们回老屋，用砖垒一个窑？”

一听说回老屋，原本在写作业的书豪开心地跳了起来：“太好了！太好了！回老屋！回老屋！”

此时，吃不吃烤鸭，仿佛已经不重要了。

第二天送孩子去学校后，我们便开车回到了老屋所在的村子。村里的水泥路上晒满了收割不久的黄豆秧，车子不得不在上面行驶，听声音，底盘上应该是挂满了这些高出路面很多的豆秧。我一边抱怨一边停下车趴在地上清理，一转头，老闫已经在给晒豆秧的大叔递烟了。

“那是我爸的老搭档了，这个叔叔年轻的时候帮过我们家不少忙。”走的时候，老闫不无感慨地跟我说，“我爸去世以后，我就很少再回来了，也难得再看见这个叔叔。”

老闫的父亲在他大学时期就过世了，母亲也有了新的家庭，所以他从小生活的老房子这么多年一直空着，没人居住。

车子停在路旁一处宽敞的空地，我们徒步走在村子里泥泞的道路上。在几乎看不到一个年轻人的村子里，只看到老人们都在墙根下晒着太阳。经过一处水塘，看见一群鸭子在岸边打盹，树上两只喜鹊扑棱着翅膀，一拐弯，我们就到了老闫家老屋跟前。

这是一座典型的河南农村小院，四四方方，规规矩矩。红砖的院墙上爬满了即将枯萎的藤蔓，院门头用不同颜色的石子装饰过，正房和厢房都贴着彩色的瓷砖。绕着房檐那一圈，用彩色的玻璃画装饰，有的写着“松鹤延年”，也有的是“福禄满堂”。只是长期没人打理，有的地方已露出了斑驳的底色。

院子里大大小小数十个花盆，已经辨认不出之前里面种过什么植物，各种叫不出名字的野草、野花在里面疯长，院子里的野草也是郁郁葱葱。虽然此时的院子看起来破旧不堪，但是能想象得出，刚修建它的时候，主人一定花了不少心思。

用了整整一个下午，我们俩才清理完半个院子的荒草。老闫在正房里翻出几个镜框，里面是他小时候和父母的照片，吹吹浮土，打算带走。他转头看到几个颇有年代感的木马和摇椅，跟我说："你看，这是我小时候坐过的，到现在都没坏，上次用还是书豪不会走路的时候，估计他以后要有了孩子，这个还能用！"说完，老闫便呵呵傻乐起来。

老屋的正房像个挖掘不尽的宝藏一样，老闫不时地能翻出一些儿时的记忆，然后开心地跟我分享那些美好的点点滴滴。有木头轮子的坦克、挖蚯蚓用的小铲子，甚至还找到几根用秃了的毛笔。

也难怪书豪听到我们说回老屋时那么兴奋，平日里老闫告诉他的那些童年趣事，都能在这个老屋里找到线索。父亲小时候用过的物件就像一个时光机，能带他穿越时光，看到与他现在不一样的童年，没有比这更让人兴奋的事了。

我能想象得到，老闫在这个院子里的童年有多快乐。虽然只有父亲做的木轮坦克和挖蚯蚓的小铲子留了下来，但是在父亲的陪伴下，他的童年一定也是完整和快乐的。而面对书豪，他大概心有不甘却也无可奈何吧。作为一个父亲，他的身上担负着不可推卸的责任，既要面对生活的重压，还要参与孩子的成长；而现实却让他既不敢懈怠工作，又无法多陪伴儿子。这种无法两全的局面，是人到中年的无奈。

和我一起进山做饭的半年里，我们俩都没有分毫收入，看到不如意的家庭，老闫还要自掏腰包帮助。敌不过中年的窘境，上有老下有小的他，不得不为了生计向现实低头，于是，才有了这次做饭结束后，和我分开的想法。而我特别能理解他的决定，并感激这段时间他的付出和陪伴。

在菜市场里买好了鸭子，我们返回市区老闫家。

把洗干净的鸭子均匀浇过三次开水，擦干后，用自己调好的“脆皮水”刷上一遍，因为没有麦芽糖，我只好用书豪妈妈买的蜂蜜代替。北京烤鸭的精髓就在于脆皮，蜂蜜和白醋加清水调和成的“脆皮水”要耐心地刷上三次，每刷一次都要等上一次彻底干透。三次完成之后，已经是深夜。

我给鸭子的屁股塞上一个啤酒瓶子，放在灶台上，再用一根筷子支着翅膀，鸭子的姿态看起来充满了喜感。老闫笑着说：“这也太麻烦了，怪不得烤鸭卖那么贵呢！”

第二天一早，我们带着这只处理好的鸭胚，开开心心地奔赴老屋。

经过昨天的规整，院子干净敞亮了许多。门口的菜园子旁边，有一些砖头，是上次来的时候我们准备的，用来砌烤鸭用的土窑。

得知书豪回老家了，几个小伙伴闻讯赶来，成了我们搬砖的主力军。在书豪的带领下，小家伙们一趟一趟地搬来砖头，其间还进行了比赛，看谁搬来的砖头多。在孩子们的欢声笑语里，时间总是过得很快。

我们俩先用这些砖头在地上铺成一个圆，再按照圆形的轨迹一层一层地搭起砖头，面对正门的方向留下一个口子，方便后续添加炭火。垒到半人多高时，发现手边的砖头用完了，而孩子们也没了踪影。比完赛的他们，早就带着老闫小时候的那把小铲子去挖蚯蚓去了。

没有了孩子们的帮助，我们两个大人一个搬砖一个垒砌，不到一个钟头，就码好了土窑的大体形状，并在中间固定了一个废弃的晾衣竿，用来挂鸭子。顶部镂空，盖上一个正房找来的铝篦子，既防尘又排烟。

老闫找来一个旧的陶瓷盆，我们到屋外的地里挖来两盆土，加了点水和在一起，用这些软泥巴糊满砖头之间的空隙，整个过程好像小时候跟小朋友和稀泥过家家一样有趣。点上一把柴火，引燃了木炭，老闫望着冒烟的土窑，开心又得意地说："真是符合空气动力学原理呀！"

趁着他烧炭的工夫，我开始进行烘烤前的处理。洗净的苹果一分为二，连同泡过水的馒头和香料一起塞进表皮风干过后的鸭子里，原本干瘪皱巴的鸭子瞬间变得肥胖丰满，用牙签小心地封好鸭子尾部的开口，再用一个衣架挂起送进土窑里，烤制的过程就开始了。

整个过程漫长又神奇，老闫蹲在土窑前不时地调整炭火，防止燃烧太旺不小心把鸭子烤煳了。风干的鸭皮在炭火的炙烤下慢慢变得焦黄，渗出的油脂沸腾着，沿着金黄的鸭皮滴落到熊熊燃烧的炭火里，燃起一道道火焰。顿时整个院子被烤鸭的香气萦绕……

孩子们早就放弃蚯蚓，被烤鸭的香气吸引回来了，眼巴巴地等着开饭。

“把铲子放下，洗手准备吃饭！”老闫命令自己的儿子。

这时候的书豪，不再像父亲刚回来时那样爱搭不理，乖乖地点点头，领着小朋友们洗手去了。

等到炭火快熄灭的时候，泛着油光的鸭子终于烤好了。趁着这时烤鸭的温度正好，我用随身的厨师刀快速地片下两盘鸭肉。老闫早已把桌子支好，并且摆好了提前切好的黄瓜丝和葱丝，还有从市区家中拿过来的鸭饼和面酱。

“哇！”孩子们看到这样的情景不禁欢呼雀跃，纷纷迫不及待地抓起鸭肉往嘴里送。

“等一下！”书豪看到他们这样的吃法，慌忙拦住自己的小伙伴，“你们看着我，要这样吃！”只见他熟练地拿起一张鸭饼，再夹起两片鸭肉，轻轻地蘸上一点面酱，再包上几根黄瓜丝和葱丝，卷起来快速地塞进嘴里，一脸满足。其他几个小家伙也纷纷学着他的样子，不一会儿，整只鸭子就被吃得只剩一副骨架。

老闫安静地坐在一旁，看着儿子和小伙伴吃完这只鸭子。老闫的童年是快乐而幸福的，他一定希望书豪也能有一个幸福快乐的童年。只是面前的儿子一天天长大，而自己对孩子的陪伴却并没有随着时间而增加，他心里很愧疚。

收拾完残局，我们准备启程返京，看到院子里的土窑，我思考着要不要拆掉恢复原状。

“留下吧。”老闫说。

他站在那里，如同这座老屋一样，默然沉静。

江辰希的海鲜泡面

有一次我去给王丫丫小朋友做薯条和意面，她特意邀请了一群小伙伴来分享食物。其中有个叫江辰希的小朋友，让我印象深刻。

他整个人明显比同龄的孩子小一圈，小脸蛋、小眼睛、小手，笑起来眼睛会眯成一条缝，配上“咯咯咯”的小奶音，可爱极了。这群孩子围在一盘薯条旁，不知道谁开了个头，就开始夸起了各自的爸爸。有的说自己的爸爸很厉害，会开特别大的卡车；有的说爸爸给自己买了特别多别人没有的玩具；还有的说放假爸爸就会回来接自己去玩。

突然，一个小奶音幽幽地说：“我爸爸对我不好，他总是打我。”

循声望去，是江辰希，一个家在陕西省汉中市西乡县的孩子。

叼着根薯条的他，并没有像别的小朋友那么高兴。我觉得或许是他平时不太听话，惹怒了爸爸才会挨揍吧，就问他：“跟叔叔说说，你是不是犯什么错了？”

“我不知道，但是他就是总打我。”他委屈地噘起了小嘴。

我心想，可能他是真的遇上了一个脾气暴躁的父亲。作为一个男孩子，小时候不听话，挨父亲的揍也很正常，但是总打孩子的话，也会给孩子的成长造成心理阴影啊！

没等我再往下想，旁边一位阿姨偷偷告诉我，这个孩子其实根本就没有见过自己的父亲。

我心头一颤，一时不知道该怎么继续和这个五岁的小朋友对话了，看着他严肃又委屈的小脸，我就把话题引向了吃的方面。

“辰希，你跟叔叔说，平时最喜欢吃什么？”

“我最爱吃方便面，还有海鲜！”他从委屈中回过神来，歪着圆圆的小脑袋跟我说。

“那叔叔过两天给你做方便面好不好？”

“好——”他高兴地咧开嘴笑了，拖着尾巴的小奶音真是可爱。

我不太确定给这样的小朋友做一顿泡面是否恰当，毕竟在大人眼里，泡面并不是十分健康的食物，多数人都不怎么会给孩子吃这些方便食品，可能辰希也很少能吃到泡面，所以才会特别想吃吧……

带着疑虑，我和孩子一起回到了不远处的家里。

“这是我外婆家。”小奶音因为我的到来，很开心。

“爸爸和妈妈呢？”我好奇地问他。

“妈妈出去上班了，外婆照顾我。爸爸是个坏人，我不想见到他……”小奶音的情绪一时间又变得有些低落。

辰希的外婆闻声赶忙出来了。这位四十出头的大姐瘦削干练，根本看不出是一个有外孙的人。

说明我的来意之后，大姐连连致谢，言语里却并没有提及自己的女婿，只是一再重复说孩子从小就爱吃泡面。

辰希的妈妈一直在沿海城市打工，他也一直跟随妈妈生活。小家伙说有时候会跟着妈妈去上班的地方，帮妈妈打扫卫生的时候，他总能在沙发和桌子底下捡到骰子和打火机之类的东西。每次忙完工作后，妈妈都会煮上一锅泡面，里面放上各种海鲜，那是母子俩最爱的食物。爸爸的事情，他总是不说，一再重复对爸爸的不喜欢。

我暗自猜想，或许邻居阿姨说的情况是真的。

第二天一早，在水产街上，我买到了还算新鲜的海虾、一把蛤蜊和几只小墨斗鱼。因为地处内陆，县城里没法像沿海城市那样，有各种各样的海物可以选择。不知道辰希妈妈的泡面里加了什么样的海鲜，小家伙也一直没说清楚，我就只好按自己的想法来准备了。

泡面也许是方便食品中最治愈的了。无论是熬夜加班还是长途旅行，热气腾腾的泡面，总能冲刷掉一些生活中的疲倦。生活还是需要一些仪式感的，煮泡面也是。

在那些懒得做饭又不想点外卖的日子里，“咕嘟嘟”煮上一锅泡面，切上几片火腿，再打进一个鸡蛋，把冰箱里的豆腐、鱼丸、饺子、肥牛等一股脑丢进去。等煮好了面，直接端着锅坐在地上，挑一部喜欢的影片，一边吃一边看，胃里一阵暖和，和自己相处的时光在此刻显得无比愉悦和幸福。

这次给辰希的泡面，更需要这种仪式感。

带着准备好的所有食材，我再一次来到他家。处理完所有食材后，在他放学前的一刻钟，我开始煮面。

开过背的青虾经过油煎，瞬间变成了诱人的红色；吐完沙子的蛤蜊被热油一激，立刻张开了嘴；墨斗鱼下锅经过翻炒，卷成了小圆圈。翻炒过海鲜后，把切过十字花刀的小香肠丢进去，锅里就又多了一个个粉嫩的“小花朵”，再加入香菇、鸡腿菇炒到断生（断生，俗称“八分熟”，就是把原料加热到无生性气味，并接近成熟的状态），煮开，就做好了一锅浓浓的汤汁。下入面饼，加上两片新鲜的小白菜，再放进一个鸡蛋后，小辰希刚好进门。

“辰希，快去洗手，叔叔煮了你和妈妈最爱吃的海鲜泡面！”辰希外婆开心地催促他。

一锅热腾腾的海鲜泡面端到他面前，辰希的小眼睛又成了一道小缝：“谢谢叔叔！”

孩子满足地吃着面，我和孩子外婆在旁边聊了起来，可直到最后，她也没有提到有关孩子父亲的任何信息，只是告诉我辰希妈妈很小就外出打工，是一个要强的女人。她独自照顾孩子到五岁，因为辰希要上幼儿园，才把他送回了老家。

此时，我依旧对孩子父亲缺少一个大概的认知，也无法知道辰希妈妈现实的状况。

但潜意识里，我觉得，也许邻居阿姨告诉我的故事，就是事实。

孩子妈妈在单纯的年纪里，被一位商人欺骗了感情。而商人可能觉得孩子是个拖累，没等江辰希出生，就不辞而别，从此杳无音讯。

我能想象到一个身在异乡、柔弱无助的女人在那时的痛苦和绝望。那种感受，可能来自孩子的不停哭闹、旁人的嘲讽，也可能来自不得不带着孩子一起熬夜的工作，还有孩子对父亲的追问……

相对于男人，女人更渴望安定，所以在一段无缘的感情里女人受到的委屈，通常多于男人。我想这种委屈多了，也许就滋生出恨意，在心生恨意之前，恐怕她已经挣扎了太久。我能理解她的失望和憎恶，即使没有见过面，也能感受到这个陌生女人的经历让她多么不堪重负，以及多么要强。

这样的恨意或许会陪伴她一生，可无论经历了什么样的人生，将这种恨，再传递给单纯的孩子，是不值得的。

亲情血脉在这种长年灌输的影响力前苍白无力，哪怕多年之后选择了谅解，也会像一张涂满黑色的纸，再怎么用白去遮盖，都会翻出阴暗的底色来。带着恨意去生活的人，快乐的时间就会少一些。

海鲜泡面也许是辰希妈妈劳累一天后最好的治愈。

一个下午，我的好朋友徐言在我的电脑上找资料，不知怎么就点开了当时我给小辰希做饭拍的视频，初为人母的她听到这个小奶音，不自觉地感叹：“这小家伙长得可真可爱啊！丹凤眼笑眯眯的，嘴巴小小的，一说话就害羞。可是，你为什么要给他做泡面呢？”我把故事简单地讲给她听。

她一边沉默，一边瞪大了眼睛。或许是同样身为女性，又都是母亲，她情绪激动地说：

“你知道吗？恨并不是最痛苦的感情。在人类所有情感排序中，最容易摧垮一个人感情的，是懊悔。生孩子，是一个女人对一个男人最高级别的爱，如果不是爱那个人，或者说曾经爱过那个人，辰希妈妈应该不会把孩子生下来。可是，她和孩子都被那个男人抛弃了。她给不了辰希完整的家庭，无力让自己的孩子像别的孩子一样幸福地长大，得有多么懊恼！”

徐言声音颤抖，我无法体会她此刻的感受，但是我知道，没有一个母亲愿意经常给孩子吃泡面，而这只是迫于经济压力，所以她才会在面里加上各种海鲜，假装它变成了一碗很有营养的面。辰希妈妈希望自己是个称职的好妈妈，她在尽自己最大的努力！

抬起头，我看到徐言的眼里已经充满了泪水……

辑二

家人闲坐，灯火可亲

老屋的菜豆腐

记忆中，奶奶在世的时候，逢年过节经常会煮一锅菜豆腐。每到做这道菜的时候，爷爷奶奶老屋里的土灶台内炉火滚滚，雪白的豆腐在黑色的大锅里咕嘟咕嘟响着，我们一家人分散在屋子四处，有的打牌，有的嗑瓜子，还有的在聊天……而大家都在盼着那美味的菜豆腐赶紧出锅。

在我的陕南老家，菜豆腐算是一道很常见的美食。因为操作步骤比较烦琐，大部分人家在做这道菜时，都会煮上满满一锅，然后招呼亲朋好友共同享用，那种热闹程度，堪比过年时吃团圆饭的场景。

奶奶的九个子女，在各自成家后，分别居住在附近的几个村子里，每每几个姑姑想吃菜豆腐时，她们就会一起回娘家。这一天，几个叔伯家里，中午也就不做饭了，都等着奶奶做好的菜豆腐出锅，大家一起享用。

奶奶一般都会提前一晚泡发好黄豆，等姑姑们来了之后，和她们一起去村子里的石磨上把黄豆磨成浆。我们这些晚辈，一般会叽叽喳喳地站在她们身后，看着奶奶一勺一勺地把黄豆从石磨的眼儿里倒进去，再随着姑姑们推动磨盘，一圈一圈地，石磨中间流淌出雪白浓稠的豆浆。

磨好的豆浆并不能直接煮成豆腐，而是需要用一种在老家叫作“包单”的传统工具过滤。“包单”其实就是在两根短扁担的中心打眼儿，穿上一根带钩子的铁杆，再将短扁担转成“十”字形，挂起来，用刀子在扁担的两头凿出凹槽，扎上一块四方的老粗布，形成一个过滤豆渣用的布兜子。

现在的年轻人很少有见过包单的，想要熟练地操作包单更是难上加难，奶奶每次在做这一步的时候，都会喊身边的姑姑和婶婶们来学习。她瘦弱矮小的身体在简陋而笨重的包单面前，显得异常灵活，左手下压，右手顺势抬起，小扁担嘎吱嘎吱地响，一上一下转起了小圆圈，豆渣混合着豆浆，滚成一个硕大的圆球，并随着奶奶胳膊的晃动在包单里面转动起来。令人惊叹的是，滤好的豆浆总是能精准地流进下面的大瓷盆里。

有时候，我们这些小家伙也会自告奋勇地上前帮忙，可仅仅是简单的一抬一压，都足够我们手忙脚乱。一不小心，转着圈儿的包单连带着豆浆便失去控制，雪白的豆浆淅淅沥沥地被甩出去，要么弄脏了周围人的裤子，要么打湿了自己的双脚。

滤好的豆浆，会在老屋的土灶上煮开。老屋的土灶台，方方正正的，最早是爷爷用泥巴砖砌成，承载了父亲及他的八个兄弟姐妹一日三餐的重任。听父亲说，他们在那个食不果腹的年代里，只要看到土灶上升腾出热气来，心里就有了希望。

三尺灶台是奶奶一生都无法离开的“战场”，在袅袅炊烟和氤氲的热气中，她养大了一个又一个孩子。我有时候觉得，那个土灶台就像奶奶，沧桑、温暖、任劳任怨。

往灶膛里塞了一把干透的柴火，房间里渐渐弥漫起炊烟的味道。豆浆在锅里慢慢地煮开、冒泡；奶奶和姑姑们在烟火气里说笑，家长里短，春种秋收；灶台上热气腾腾，屋子里欢声笑语。

这个时候，我喜欢坐在灶头前，用火钳子夹起一根根的柴火，一边在炉膛里搭起燃烧的“积木”，一边听着锅里的豆浆在高温下发出的滋滋声。

小时候觉得奶奶好像有特别的魔法，哪怕是用土灶坑里没有烧尽的柴火灰，也能给我们变出各种各样的美食。

春天，爷爷在水田里耕种时捉到的泥鳅，被奶奶处理干净，切成小段，用瓦罐里的猪油、盐、花椒、辣椒简单地腌好，再用构树叶子包上几层，埋进刚刚燃尽的柴火灰，等到锅里的米饭慢慢煳出一层脆脆的锅巴，灶坑里也就肉香四溢了；夏天，烧焐一把毛豆，外壳焦煳，可里面的豆子却嫩得恰到好处；秋天，烧焐的是带着外壳的新鲜苞米，扒开黑乎乎的玉米苞叶，金黄的、带着焦香气的玉米让人垂涎欲滴；冬天，则是一堆甘甜的红薯或者软糯的洋芋。

灶坑的火灰里烧焐的这些美食虽然普通，却异常美味。它们几乎成了我们兄弟姐妹最喜欢在厨房争抢的食物，大家都觉得争来的食物是最好吃的。那个时候，老屋的灶台边，也是最热闹的地方。

等到锅里的豆浆彻底煮沸，奶奶会从灶头的大瓷盆里盛上一勺勺的酸浆水，点到翻滚的豆浆里，这是一个神奇的过程。

与北方用卤水和石膏来做豆腐的传统不同，陕南的菜豆腐，都是用自家腌制的浆水菜的酸浆水来点浆。奶奶做的浆水菜，菜叶选用新鲜的萝卜缨和油菜，再用开锅的米汤焯烫，自然发酵两到三天便可。

浆水菜的腌制时间很讲究，若腌制时间过短，口感生涩；若腌制时间过久，则又酸得难以入口，只有腌制时间刚刚好的浆水菜才能清洌酸爽。用发酵得恰到好处的酸浆水点制的菜豆腐，既不会有豆腥味，口感也不会太酸。奶奶用一个铝锭铸成的水瓢，把一勺酸浆水舀进滚开的豆浆里，混合，再一勺，再混合……这个过程大概需要持续十几分钟，直到乳白色的豆浆在酸汁的作用下，慢慢地凝固、结块。

到现在我都不太明白，凝结的过程到底是怎样的原理，只是觉得奶奶有神奇的魔力，只用一勺勺的酸浆水，就能把一锅翻滚的豆浆瞬间变成雪白的豆腐。大概奶奶也说不出这是什么样的化学原理，或许是这样天长日久地围在灶台前转，日积月累下的生活常识，变成了那一代独有的美食秘方。

当一锅豆浆从液态慢慢变成固态的时候，姑姑们便把切好的新鲜油菜放进锅里，奶奶会用煮饭用的篮子将锅里的水一点点控掉，控水的过程也是一个让豆腐变紧实的过程。原本絮状的豆腐，在饭篮子的按压下，一点点紧实、坚韧起来，最后变成了一锅雪白中夹带绿色的菜豆腐。

到这一步，单纯的菜豆腐已经做好了，但奶奶，这时还会习惯性地淘一点大米，等豆腐凝固，再下到锅里，煮成菜豆腐稀饭。我对菜豆腐并没有什么兴趣，反而对被菜豆腐覆盖的稀饭钟爱有加。

酸酸的、带着豆香气的稀饭，即使什么配菜都没有，我也能一口气吃两大碗。每次煮好菜豆腐，奶奶总会在孩子们的碗里多盛上几块豆腐，自己的碗里却总是满满的稀饭，而我们这些小辈，总喜欢挑稀饭多的碗拿着吃，却不晓得豆腐的金贵。等长大后才意识到，那些困难的岁月里，豆子比米贵，一大家子人聚在一起吃菜豆腐的机会，一年到头也没有几次。

奶奶在菜豆腐里煮稀饭，和她腌浆水菜是一个道理，这些食物既能让一大家人都填饱肚子，也能隔三岔五给一家人打打牙祭。而小时候吃菜豆腐时搭配最多的，就是奶奶做的红葱辣子。

对陕西人来说，辣子也是一道菜。红葱是爷爷的菜园子里种的，吃的时候去地里拔上一把，再顺带拔上一把芫荽（即香菜），洗净切碎，撒上一点盐腌制，用奶奶做的豆瓣酱拌匀，一家人一锅饭一道菜，或是蹲或是坐或是站，热热闹闹地，吃到后背冒汗，每个人都打心眼儿里感到满足。

日升日落，月圆月缺。

老屋里的奶奶，在土灶的炊烟中穿梭，在岁月中忙碌。儿孙们一天天长大，渐渐地，我们外出上学、工作，走得越远，越是怀念奶奶的菜豆腐，带着浓郁豆香和酸浆水的清爽的菜豆腐，让久未回家、枯燥得几乎麻木的味蕾有了思乡的忧郁。

再后来，大家散落到五湖四海，很少会像小时候那样，聚在一起去老屋吃菜豆腐了。每每假期我独自回到老屋，奶奶便烧火做饭，询问我想吃些什么，看到她被岁月浸染灰白的头发和满是褶子的双手，即使想吃一碗菜豆腐，我也不忍再提。只是默默地坐在灶头前添柴烧火，任凭奶奶驼起的后背，在袅袅的炊烟里忙碌，为我摊个鸡蛋，或是煮一碗甜酒。

不知道是因为被柴火熏得厉害，还是因为上了岁数，又或者是因为我们回来的次数太少，每次回来都感觉奶奶的眼里含有泪光。老屋也不像小时候那样，收拾得那么干净，灶台上也是黝黑一片，饭也做得不再可口。姑姑们也会经常回来看她，基本上每次也就变成了姑姑做饭，奶奶坐在一旁，默默地看着。再后来，奶奶生了一场大病，就不再做饭了……

奶奶去世后的第五年，老屋因为长期没人住，四处漏雨，有倒塌的危险。过年后的一天，我回到老屋，四下看看，突然很想吃一碗奶奶做的菜豆腐。

我去附近的小叔家里泡好了豆子，去磨豆浆时，发现村里的老石磨早已经不见了踪影，取而代之的是一个崭新又轻巧的手推小磨。磨好豆浆，点燃一把柴火，凭着小时候的记忆，尝试着做菜豆腐。或许是姑姑们早就知道我在老屋煮菜豆腐的消息，陆陆续续赶过来帮忙。

豆腐在锅里咕嘟地冒着热气，雪白的稀饭随着米浆翻滚着，虽然来的家人不到三分之一，但是老屋里好久都没有这么热闹了。我坐在灶台前添着柴火，又想起了那些奶奶在灶头前忙碌的日子，那时大家都喜欢等在灶头旁边，或许是为了多陪一陪她吧……

灶膛里的火苗还在燃烧，灶台上的热气依旧氤氲，老屋的房顶上又升腾起袅袅青烟。

此时的我，忽然热泪盈眶……

爸爸的生日礼物

在父亲六十岁生日之前，我这个做儿子的，没为他操办和庆祝过一次生日。

儿时记忆中，每逢他生日，对门表叔都会调侃着要放鞭炮庆祝，他都笑着拒绝，闹到最后，也只是母亲悄悄地炒上一两个小菜，温一壶小酒，父亲和表叔喝上一点，我和妹妹也跟着吃上几口肉，这生日也就算过了。

按农村的风俗，父母还健在的话，年纪轻轻就操办生日，实为不孝。那时候只觉得爸爸的生日，仅仅意味着拮据日子里有一餐伙食的改善。

对于当时尚且年幼的我而言，“父亲”这个词还不似我成年后那般，有着深厚的意义，而是对其有着一份至真至纯的依赖感。父亲当年所说的每一句话，我都全然接受，并毫无条件地信任。

餐桌上，父亲和表叔喝着酒，免不了要忆一番往昔，多数时候他们都在聊部队的往事。我在一旁听着，脑海里会不由自主地浮现出他身穿军装的伟岸形象。可能如今看来，当年他的描述不乏夸大其词的成分，可这些都曾是我在小伙伴面前吹嘘的小小资本。年少懵懂时，尚不知与有荣焉为何物，但却已经对“英雄主义”有了向往。

平时偶尔也会听父亲和表叔聊起部队的战友，而父亲提及最多的，是一位姓李的叔叔，他的身份是营部的通信员。据父亲说，那是他最好的战友。在那个时代，父亲和表叔都把青春义无反顾地奉献给了部队。父亲从军六年，转业后，同期退伍的战友很多都去了事业单位。父亲因为家境贫穷，没有社会关系的打通，只能在村里当起了临时的电工，那时候他实在是对电路没多大兴趣，机缘巧合之下跟着一个泥瓦匠师傅学起了手艺。就这样，一干就是一辈子。

他为了这个小家庭的生存，日出而作，日落而息，勤勤恳恳，安分守己了一辈子。我有时会想，父亲的内心深处，会不会也曾深埋鸿鹄之志，现如今却被现实压迫成为檐下燕雀，而心有不甘呢？

小时候，我一直以为父亲做饭的手艺好，是和他的工作有莫大的关系。泥瓦匠平时干活要用水泥刀，而厨房里要用菜刀，所以两者之间一脉相通罢了。耳濡目染之下，我慢慢地也对做饭产生了兴趣。

小学三年级的一天，我和妹妹趁着父母不在，合作完成了我们俩人生中的第一道菜——卷心菜炒五花肉。

那时父母每天都要外出干活，忙到饭点，再回家给我们做饭。一天上午，我做完作业后，突发奇想，觉得自己应该为他们做一顿饭。

心血来潮说干就干，我跑去厨房四处寻觅，找到一个卷心菜和一块前一天父亲买来为我们改善生活的五花肉。想来好笑的是，当时做这道菜时，卷心菜没洗便丢下了锅，五花肉也被切得有一指多厚。

小我两岁的妹妹在一旁帮忙添柴火，烟熏火燎中，我踩着板凳愣是把肉做熟了。如今日子越过越好，自己的厨艺也精进了不止百倍，可关于这一段回忆，每每想起，还会感觉狼狈万分，但更多的，则是无法言喻的暖意。

我还记得父亲回家后看到我们做的菜，高兴得合不拢嘴，夸奖我们菜烧得好吃，叮嘱我们以后烧火要千万小心。其实，我根本都不记得当时放没放盐，味道好不好。现在想想，无论好吃与否，父亲也会笑着咽下去，在他看来，那是还未长大的孩子对父母的一片孝心，即便那道菜难以下咽，亦是口苦心甜。

再后来，一旦家中来客人，就换成我和父亲下厨，母亲留下来接待。而每次做菜时，父亲对他自己、对我，都有严格的要求：做什么菜，需要买什么食材，必须提前列好清单，原料要提前改刀，调料也得按菜式需求分装在不同的碗里，方便取用。热菜与凉菜按制作时长搭配，由此罗列出餐顺序。父亲的这种做事风格，一开始让我觉得很烦恼，只是做个饭而已，他却偏偏要弄成万事俱备，不容有失的样子。我不以为然地认为，即便不需要如此烦琐的程序，我也一样有能力把饭菜做得色香味俱全。

可现在看来，幸亏是父亲的这些要求和平日里的坚持，才能让我日后在厨房做饭时不至于手忙脚乱。父亲这样的习惯大概源自部队对军人的严苛要求，使得他做事井然有序，认真负责，同时也造就了他的耐心和细腻。可惜的是，他这种可贵的品质，我只是学到了皮毛，好像也只用到了厨房这片小天地里。

后来因为我上了大学，参加了工作，每逢父亲生日，我基本都在北京，没有回去过。所以多数情况下，我会请在老家的妹妹帮忙准备礼物，或是寄钱回家，在生日当天再给他打一通电话。我一开始不觉得这样做有什么问题，直到有一天，突然察觉到他好像真的老了。骤然间，我开始警醒那份对亲情的漫不经心，自此，心中便藏下了一份愧疚和不安。

成年以后，自己好像更愿意给母亲打电话。记忆中，她对子女一贯的教育方式是：平时没事时对你循循善诱，等你真犯了错却又简单粗暴。纵然母亲这般，我却并不怕她。

从记事以来，父亲从来没对我动过手，我却对他莫名地有些又敬又怕。也许是因为他在部队里熏陶出的一身正气，或者是“父亲”这个词特有的权威感。独立生活后，这种“权威”又衍生出一种隐约的疏离。

这种隐约的疏离，从外在的形式，渐渐转化为内心的感触。

每到父亲生日那一天，当我在电话这头，对他说出“生日快乐”这句最为普通的祝福时，我都能清楚地感受到，自己那份明明是真心，却好似刻意为之的尴尬。

漫长的岁月里，我都觉得父亲还是那个精力充沛的中年人。直到他快六十岁的那一天，家里要换煤气，面对几十斤重的煤气罐，我随口说了句，先放那儿吧，等会儿我来。而他在尝试两下之后就默默地放下了，眼神里有点无可奈何。看到那一幕，我心中五味杂陈，在我还没有准备好的时候，他就已经悄无声息地老了。

自从家里开店以后，父亲每天都会忙活店里的事情，往日里能陪他小酌几杯，一起侃大山的表叔去天津找他儿子了，部队的事情他也就很少跟人谈及。不知不觉父亲已是花甲之年。

按老家的风俗，父母的六十岁大寿，儿女要操办庆祝的。就在半年前，无意中听到他和牌友又念叨起那位战友李叔叔，我忽然想到，自己应该可以为他做点什么。

借着和他聊天，得知了李叔叔四十年前的通信地址，查完地图后，还真的找到了老人家所住的村子。于是在父亲生日前一周，我安排好北京的工作，买好车票，准备去碰碰运气，哪怕有一线希望，也要尽力一试。

火车上，我的下铺是一对父子。列车启动后，五岁多的孩子就缠着父亲给他讲故事，孩子的父亲倒也颇有耐心，翻看着画册轻言细语地讲。我在脑海里拼命搜寻像这样父子间的亲近记忆，可怎么也想不起来，但是我相信，在我小时候，父亲一定也这样给我讲过故事，而且一定是部队的故事。

初冬的关中，天气阴沉，空气中充斥着灰蒙蒙的雾霾。坏天气没能影响我的情绪，历经十二个小时的火车颠簸后，我租到一辆车，准备独自上路。出发前意外接到发小的电话，他不放心我一个人开车，执意同行，就这样，我们驶上了开往咸阳的高速。

一路上我都在想，如果没能顺利找到李叔叔，等父亲生日的时候，也就没必要告诉他这件事了。

跟着导航，我们顺利找到了老人家所在的村子。村庄里，路两旁的苹果树一簇接着一簇，偶尔有撒欢儿的小狗停下来看着我们的车子驶过，三三两两的柿子树上，鲜艳的柿子挂满了枝头。柿子的寓意为事事如意，看到这样的景色，向来不迷信的我，竟忍不住想要去相信这样的传说。

一路问过几位村民，按照好心人的提示，我们把车开到一户门口有沙石路的房前，车还没停稳，屋里便走出一位头发花白、和父亲年纪相仿的老人，紧跟在老人家身后的，是一位较为年轻的姑娘，看样子应该是他的女儿。

“请问，您是李延宁叔叔吗？”我掩饰不住内心的喜悦，说话的声音都有些颤抖。

老人家一脸疑惑地看向我：“嗯，我是。”

眼见着他还想问点什么，我已经按捺不住地迎上去握住他的手，如同见到久未谋面的亲人：“叔叔您好，我是张志斌的儿子！”

“张志斌？啥地方的？西乡的吗？”李叔叔似乎是下意识地就说出了我老家的名字，一连问出好几个问题，神色和口吻中显现出一丝激动和惊讶。

“对对对！铜川小河沟，您还记得吗？”我连忙道出当时父亲部队连部所在的位置。

若一开始他表现出的态度，是对我身份还抱有一丝迟疑和不确定，那在我说出这话之后，则彻底笃定了。不仅看着我的神情变得亲切，就连说话的口气也变得异常兴奋起来：“记得记得！”

“我爸爸是您的战友，他这么多年一直在找您！”看到他此时此刻的态度，我心中的顾虑也全然打消了。年岁太过久远，人与人之间的感情是否还一如父亲的想象，这些都是常年在都市打拼的自己忍不住会去斟酌的地方。

激动之下，老人家握着我的手略微有些颤抖：“知道知道，我也在找他呢！以前跟我关系是相当好的！我也准备去你们那儿逛逛去，去找他呢！快快，进屋说去！”

“今天你们算是来对咧！”进屋后，李叔叔一边招呼闺女给我们沏茶，一边感慨道。

从老人的口中得知，他平时一直在邻县女婿的单位帮忙，昨天傍晚才赶回来，如果我们早来或是晚到一天的话，极有可能会吃个闭门羹。

那天午后，我与叔叔聊了许久，从他们之前在部队的生活说到现在各自的状况，好像有聊不完的话，仿佛面前坐着的就是自己的父亲。他们失去联系的这些年，也像是我和父亲不在一起生活的这些年。

不想去深究是否是因为没有血脉这层关系的压力，所以我才能对这位初次见面的老人道尽衷肠，或者是因为从小到大总听到父亲提及他的名字，所以骨子里早就对他有了某种莫名的亲切感。总归这样的场景是我不排斥、不抗拒的，甚至还会期待，有朝一日也能够这样敞开心扉地和父亲畅聊一回。

临走时，老人家抱起两袋苹果和一大兜核桃装进了我们的车里，我连忙推辞，告诉他车是租来的，需要归还，所以不方便携带这么多东西。

“你这孩子，这都是自家树上摘的，给你爸的！”李叔叔现在好像是真的有点拿我当自家孩子看了，见我推托，便一副老大不高兴的模样数落起我来。

原本是不想给老人添麻烦，见他这般说了，我也就不再推辞，装好东西，一转头，李叔叔又拿了两个柿子递过来：“给！这个拿着路上吃！”

接过柿子，我忍不住多看了两眼，薄薄的果皮包裹着厚实的果肉，粉嫩鲜红，晶莹剔透，真是舍不得吃掉。而几乎就在那个当下，我已经想到要用它们给父亲生日做一道不一样的甜点。

跟李叔叔留下联系方式后，我依依不舍地踏上了返程的路途。上车后，怕柿子被压坏，我将它们放在了汽车挡风玻璃下这个自以为安全的地方，不曾想经过一个急弯路，啪嗒！它们随着惯性从左侧滚到了右侧，摔破了！

停下车，捧着两个破裂开的柿子，我既懊恼又遗憾，这样的状况，带回家去可能就坏了，索性吃了吧！于是我和发小就蹲在路边，一人一个。“嗯！真甜啊！”他满足地说。

拎着两袋苹果从西安回家，的确不现实，给发小留下一袋之后，我一手拖着行李箱，一手拎着叔叔给的苹果，肩膀上挂着一兜子核桃，坐上了回家的大巴。

太久没用这样的方式回家了。刚参加工作时赚钱不多，春节回家会想尽办法给家人带礼物。拉杆箱，外加几个行李包，一路上又驮又扛，又拎又拖，从火车转大巴，如同万千外出务工的朋友一样，带着各种滋味和感受，在春运大潮中踏上归乡的路途。

等到经济条件有所好转，我回家的方式变成了飞机，有时候也会自己开车回去。过年的时候还会给家里买礼物，但为了方便，会在网上买好直接寄回家，有时候因为工作忙，甚至就空着手回家，等到年三十晚上，给一些钱了事。也许那样的方式并没有什么不妥，但是像这样拎着大包小包进家门，总归是多了一些沉甸甸的仪式感。

拎着李叔叔送的苹果和核桃到家后，父亲看到我拎的苹果，好奇地问：“这是哪儿买的苹果啊？个头这么小？”

“有机的！特别珍贵！”我一本正经地回答道。心想如果他知道苹果是从哪里来的，一定会觉得更加珍贵。

生日当天父亲似乎很开心，送走一些亲戚朋友之后，他一反常态地和留下的朋友在店里打起了扑克。

我之前心心念念的，要用李叔叔给的柿子为他做甜点的事是无法实现了。思索了半天，想起拿回家的苹果和核桃，也许可以试着为父亲做一个有特殊意义的蛋糕。

我小心地去掉那些小苹果的皮，生怕多浪费一点果肉，再把它们切成大小均匀的小丁。砂糖加一点水，用小火耐心地熬成金黄，趁着明亮的颜色还没有变深，迅速地倒进苹果丁，再一点点地煮成焦糖色；最后加入淡奶油，用勺子一点点化开凝固的糖块，融合进去两片软化的吉利丁，浓郁甜蜜的焦糖苹果酱就做好了。

把叔叔给的核桃一个个敲碎，挑出核桃仁，用烤箱145摄氏度的低温烘烤一刻钟，这些桃仁就变得酥脆。放凉之后，把它们和焦糖苹果酱里的果肉混合在一起，加入10磅（1磅约0.45千克）蛋糕的面糊中搅匀，放进烤箱烤一个小时。慢慢地，整个屋子弥漫起一种混合着苹果的清甜、核桃的清香和浓郁的焦糖气息的香味。

把烤好的蛋糕脱模、放凉，再铺上马斯卡布尼的奶油，组合起来后，在最上面的奶油酱上撒一层酥碎的核桃仁，点缀上金黄色的焦糖苹果丁，最后用新鲜的薄荷叶装饰。

虔诚地做完这个蛋糕后，我点上一支生日蜡烛，按照和李叔叔商量好的计划，接通了与他的视频。

“叔叔，您等一下啊。”拿着手机，我小心地端起蛋糕向父亲走去，而李叔叔则在视频那头期待地等着。

老爷子打牌正打得起劲，并没注意到我这边的动静，直到我把蛋糕放在他面前，他才一脸惊喜道：“干啥？还做了个蛋糕啊！”

“您看这是谁？”我晃了晃手中举着的手机。

“这是谁？好像是……”父亲疑惑地看着手机，像是心中已经有了答案，却又不敢相信。

“是李延宁叔叔啊！”见他神色有异，我不忍再卖关子，连忙回道。

“啊？你是李延宁啊！”父亲的声音变得激动，顾不得和一同打牌的亲朋好友打声招呼，就一把丢下手里的扑克，从我手中夺过手机，“真的是你啊，你这样子，没有变啊……”

此时的我，感觉到一股醉人的幸福感正从脚底升腾到心坎。这种感受不同于以往任何一次自己愿望达成之后的满足，只觉得此刻的自己就如同武侠小说里，奇经八脉全被打通的练武奇才一样，周围的世界仿若静止，而我整个人像飘浮在半空的云层中，舒适自在、身心舒畅，没有丝毫的重力感和压力。充斥于心中的，只是满满的踏实和温暖。

也是从那天开始，我和父亲之间那种长久以来的疏离感渐渐变少。其实男人和男人之间的情感，有时候很微妙，像大多数父子一样，我和父亲从不会在言语中表达对对方的那份爱。但想想，其实大家早就无声地向对方说过太多次的“我爱你”。就像我小时候第一次为他们准备饭菜那样，这一次，我也尝试着对父亲表达了埋藏在心里最热烈的那份爱。

两个弟弟

我有好几个弟弟，其中有一个叫喜华，一个叫张毅。

张毅是堂弟，现在守着家理发店给人剪头发；喜华是表弟，天南海北飞来飞去，现在已经是一名综艺摄像师了。

早些年，两个弟弟因为读书不上进，便早早辍学，离家去南方务工。

2012年时，喜华在一家车床厂上班，每天操控巨大的机器切割一个又一个的汽车零件，日子枯燥乏味，每个月到手四千多元，这在当时，算一笔不小的收入；而张毅，则在深圳的一家理发店当学徒，每天做得最多的，就是给客人端茶递水，还有打扫那一地的碎发。

哥俩平时不住一起，偶尔工厂放假，他们就会约着一起吃饭喝酒。直到一次喜华因为生产事故，被飞速旋转的机器削掉了一小截食指，有几个月都无法工作，张毅为了照顾他，选择搬去和他同住。兄弟俩就这样开始相互依靠着过活。

我知道这个消息时，着实心疼喜华，也为他们俩的将来发愁。我作为我们整个家族第一个上过大学的孩子，又是他们的兄长，会很自然地去操心家族里其他弟弟妹妹的成长。多数情况下，他们也很尊重我，对我的一些建议都虚心接受。

喜华平日爱钻研，喜欢音乐和文艺，总是对新鲜事物充满兴趣；张毅安静，不爱说话，没工作的时候，喜欢在电脑前玩游戏，一坐就是一天。我心想，他们没有一技之长，打工必定不是长久之计，如果在我们行业里学习一点专业技能，说不定以后会有更好的发展。于是我打算将他俩带入我从事的行业。

喜华因为乐于钻研设备，可以让他从摄像机入手，慢慢接触摄像行业；张毅有耐心，又善于操作电脑，我建议他学后期，以后往剪辑师的方向发展。

我不敢保证自己对他们的规划，能让他们在将来有很好的发展，但即便他们学完之后没办法在北京立足，回老家开一家婚庆公司，一个人做前期，一个人做后期，也是很完美的搭配了。

我对自己的规划感到很满意，恰好公司刚接到一个娱乐资讯的拍摄项目，对摄像和后期的要求都不是很高，这也恰好是一次培训他们的机会，便要求他们尽快辞掉工作来北京。

很快，兄弟俩处理完深圳的一切，毅然决然地来投奔我了。

新工作令他们欢欣鼓舞了很久，那些曾经在电视里才能看到的明星，他们每天都可以见到。除此之外，还可以跟着公司的其他人学习拍摄和剪辑，一切都顺风顺水。

然而好景不长，娱乐资讯毕竟是一个肥差，没过多久，因为别的团队从中作梗，我们失去了这个业务。我并不遗憾因为业务的损失而降低了公司的收入，只是担心没有拍摄、剪辑的学习机会，两个弟弟的业务成长因此受到影响。

在没有工作的这段时间，他们应该感受到了我的压力和担忧，只不过我们之间从不交流这些，或许是他们习惯了从小就被大人们灌输的“听从兄长”的教导，也从未对我接下来的规划有任何的疑问。

生活一如既往，他们俩每天早起、上班，但他们并不知道，那个时候公司的发展已经陷入了危机，而我对他们俩接下来的工作也没有太好的安排。

偶尔我会看到张毅在楼道的窗口抽烟。家里的亲戚们一直知道他有抽烟、喝酒的习惯，有时候在电话里也冲他抱怨，认为这样的习惯会影响他的身体健康，也担忧因此产生的经济负担会转嫁到我的身上。我同样认为这不是一个好的习惯，偶尔规劝他，要为自己的身体考虑少抽一些。他也总是点头答应，可似乎又总是欲言又止。

现在想来，当时我只关注到他抽烟的表象，却忽略了那段时期他们的焦虑和迷茫。

“要不让他们来我公司收发设备吧，从基础做起。”一天，我的好朋友小磊提议。

“在你那儿，你也不好说他们俩，话说轻了重了都不合适。”

我有些犹豫，但以他俩目前的摄影技术，想找一份业内正式的工作还是很困难。北京毕竟是一个竞争激烈的城市，没有过硬的技能，根本无法生存，而想要学好技术，还得从最基础的做起。思前想后，我便应了下来。

“说好了，人到了我那儿，可就得受我管，可别因为他们是你弟弟，你就觉得他们受了委屈，到时候再抱怨我。”小磊开玩笑地跟我说。

小磊的公司刚刚起步，为了节约开支，租住在南三环的一户民居里，主要负责摄像设备的租赁，也会有一些拍摄业务，摄像自然比我们更专业。

而我最期望的，是希望两个弟弟在他那里学习成长，最后走上摄像的道路。

收发设备是一个辛苦的行当，因为行业的工作性质，租借公司还设备的时间不规律，所以公司内需要全天二十四小时都有人值守。还回来一批设备，接管人员需要仔细查验、重置清理、充电归位，往往还没等归还流程结束，下一批取设备的人又在等了。除了要对设备的操作和使用做到尽可能的熟悉，还要耐心和细致。摄像设备都是贵重的物件，磕磕碰碰也是常有，为了避免产生纠纷，每次送还的时候，都要仔细地核验每一个细节。所以，我有一点心疼他们做这么辛苦的工作，这意味着今后的日子，他们要在那个满是机器设备的小屋子里没日没夜地度过相当长的时光。我不太清楚他们是否能坚持下来，只好在送他们去小磊那儿上班之前一再鼓励他们要好好工作。

喜华和张毅去了之后，立刻就投入了工作，没有假期，吃住都在机房里，随时都需要保持工作状态，基本上每天晚上都无法安稳睡觉，需要起来好几次收取设备。每个月小磊会给他们每人三百元的生活费，这在北京或许只够吃一个月的早餐，好在除了他俩，还有另一名收发设备的技术员，三个人把生活费凑一凑，在公司生火做饭，也能勉强维持生计。

这在我眼里完全就是压榨，或许换作别人，我会觉得小磊的做法没有错，对于刚入行的门外汉，能有一个每天面对机器学习的地方，已经是一个难得的机会了。但看见他们这么辛苦，我对小磊还是有些怨言的。可毕竟事前承诺过小磊，不过问他的管理方式，即使心里稍有不满，我也只好作罢。

“哥，我已经半个月没有下过楼了。”喜华在电话里跟我说。我心里不是滋味，有一些内疚，却依然希望他们能坚持下去。

“现在这里所有的机器我都能调菜单了！”他在电话那头开心地说，我又稍微感到一点欣慰。

虽然自己平时拍摄的时候也需要用很多种摄像机，但是大多数机器的菜单设置，到现在我也没弄明白。喜华学会了这些，已经具备了很多专业摄像都欠缺的设备参数知识，算是打下了很好的基础。

“张毅怎么样？”我在电话里问他，“抽烟还凶吗？”

“没啥钱抽烟，不过还是抽的，现在有时候喝喝啤酒。”喜华在电话那头说。

我想起他之前看到我欲言又止的样子，心里有一种不安，也只能偶尔去看看他们，带着他们下楼吃顿好的，顺便给一点点生活费。

短期的辛苦还能承受，但时间一长，他们也会有一些抱怨和动摇。以前打工时，朝九晚五惯了，从没有像现在这样二十四小时绷紧神经，生怕一点不细致就导致查验不到损坏的机器，那修理费就是个不小的数目。最让他们崩溃的是每天晚上都要面对的收发工作，往往刚忙完一单躺下，门铃又开始响起。此外，无法外出和休息更是消磨着他们俩的意志。

两个月后的一天，张毅主动给我打来电话：“哥，我还是想去深圳学理发。”接下来便是一阵沉默。

我没有要求他再坚持，隐隐中觉得这是迟早要发生的事情，虽然内心依旧希望他能学到一些技术，但是想想这几个月让他吃了这么多苦，内心也觉得亏欠。但更多的还是失望，遗憾他没能按照我的规划继续走下去。

“喜华你呢？”我在电话里问他。

“我再坚持坚持。”他在电话里说。

张毅很快就回了深圳，像来时那么决绝。喜华则依旧坚持在那个小屋子里，二十四小时无休。

“哥，我今天去当摄像助理了！还赚了一百块劳务费！”几个月后的一天，喜华在电话里无比兴奋地跟我说。

这也令我感到高兴，在通往摄像的路上，他又往前迈进了一步，而同时我又想起了张毅。

回到深圳之后的张毅便很少再和我联系，远隔千里，我们之间似乎多出来一些说不清的东西，这种东西延伸了距离感，也似乎拉长了时间的跨度，让我记不太清楚他之前来北京时发生的事情。我偶尔会通过喜华过问他的近况，但也不再主动跟他联系。

我还是会抽空去看看喜华，每次去尽可能地带他打打牙祭。一次在商场，他看着一双价格不菲的新款运动鞋咬咬牙说：“等我当了摄像，一定买一双！”

我没有说话，趁他离开的工夫，偷偷地给他买了一双，这让他既兴奋又感动。此后很多年，他都跟我提到，那是他从小到大，第一次穿那么贵的鞋。我想，我并不是因为宠爱他，而是觉得亏欠和心疼，除此之外还有鼓励。如果张毅在，我也会毫不犹疑给他也买一双的。

日子越来越长，两年之后，他终于搬离了那间机房，取代他工作的是小磊远房亲戚家的孩子。喜华渐渐从摄像助理变成了一名真正的摄像师，劳务费也从每天一百变成了三百，再之后五百、八百、一千、一千五地变化着。大多数时间都不在北京，而是在全国各地飞来飞去，忙着跟组拍摄。来北京四年后，他用这些年攒的钱给家里盖了一栋小楼，结束了多年来家里人租房的生活。

这期间我再也没有跟张毅有过联系，好几个春节，他都没有回老家过年，据说是因为过年期间，他打工的理发店生意比较忙。

2017年的春节，张毅回了老家，举办了婚礼，喜华当摄像，我当摄影。这是我们三人从北京分别起，第一次相聚。婚礼后不久，张毅就去了他媳妇的城市生活，他告诉我们，学了多年，也工作了多年，自己终于要开一家理发店了。

我突然不知道当时要求他们到北京是对是错，那时候根本没有考虑过他们的想法，自以为是地觉得那样的安排是为了他们的将来。或许我对张毅没有坚持下来的失望，源于我那过于自我的强势。又或许那时候的他，根本不愿意来北京，只是对自己人生的规划和安排，都藏在了那些抽烟时的欲言又止里。

写这一篇时，我突然想起了喜华，他依旧飞来飞去，忙着综艺节目的拍摄，有时候也会抽空帮我的忙。甚至我去给孩子们做饭的时候，他也会抽一个月的时间陪我进山，我知道，这是他对我表达感激的一种方式。

写到这里，我忍不住拿起手机给他发了个信息："你到北京之前，最大的梦想是什么？"

"我就想给家里盖一栋楼房。"他回复我说。

异地恋的那两年

陈博士是我的女朋友，在她读博士期间的后两年，我们选择了在一起。只不过我们是异地恋，她在法国，我在北京。

在法国读书的五年中，和大部分留学生一样，吃饭是平日里最困扰她的问题。她一般都会自己做饭，除了能节约生活费，最主要的还是因为法国的食物她吃不惯。

作为家里的独生女，她出国之前基本不会做饭，只在逢年过节的时候，和家人一起动手包饺子。我不知道她在法国的头三年都吃了些什么，在一起之后，我们每天都会视频，我看到她吃得最多的就是土豆焖豆角，偶尔也做个烧茄子。

“我们东北人就爱吃土豆和豆角。”每次我在视频里调侃她又做土豆焖豆角的时候，她都假装生气，开玩笑地反击我。

“你看，我光吃土豆和豆角都能长得比你高，要是吃别的指不定能打排球呢。”虽然只是玩笑话，但是我知道她总吃这几样的原因，除了因为真的喜欢，还因为她确实不会做别的菜。

法国和北京的时差有七个小时，夏令时会变成六个小时。一般我吃午饭的时间，就是她吃早饭的时间；她吃午饭时间是中午12点，恰好是我在家做晚饭的时间；而北京时间午夜12点，我躺在被窝里的时候，则是她刚刚离开实验室，准备回家做晚饭的时间。

我们决定在一起时，是送她去首都机场的那天。从分开的那天起，FaceTime视频连线是我们每天都做的事情，在此后的两年间，除了她不定期回国和我相聚或者我去法国看望她之外，我们就一直保持着每天至少一到两次的连线频率，直到她毕业回国，我们才结束了这种生活状态。

作为一个从事生物化学基础研究工作的博士生，她留学的生活并不丰富多彩，除了要面对繁重的实验课题，还要独自承受异乡生活的孤独。虽然有时候她也会和朋友们外出享用法式大餐，但这毕竟不是常态。

更多的时候，她都是一个人在那间小小的厨房里，早餐吃两片面包，喝一杯牛奶或者果汁；中午结束实验，匆忙去家乐福超市买一点菜，赶回家煲上两餐量的米饭，一半中午吃，一半晚上吃，再加上随便炒的菜，就是一餐饭。

我心疼她在异乡孤单的生活，除了每天默默接受她发来的视频邀约，没有更好的办法；我也心疼她的坚强，每次和我哭诉完，擦擦眼泪，不久又会充满斗志。有时候陈博士实在想家，就会独自去索恩河边的一家中餐馆，点一份干锅肥肠或者油焖大虾，再要上一碗米饭，美美地吃上一餐。

那时候的我，工作还算自由，忙于自己的创业公司，时间安排比较有弹性。我的早饭基本上都和午饭一起解决，因为晚上要和她视频连线到很晚，所以早晨起床都已经是10点之后了。洗漱完到公司，稍微忙碌一会儿，就到了下午1点，通常我点的外卖会在这个时候送到，陈博士的视频呼叫也会准时响起。大部分时候她还赖在卧室的小床上，闭着眼睛跟我说话，然后在我一次又一次的催促下不情愿地起床。我则打开面前的外卖，看着她慢悠悠地洗漱完，再给自己弄个早餐，然后我们在镜头前一起享用各自的食物。

她通常会在这个时候抱怨我告诉她外卖吃的是什么，因为无论我吃什么样的外卖，在她看来都是难得的美味。但如果我不主动跟她说，她又会好奇地询问，然后又会撒娇似的抱怨，法国的早餐太过单调。各自吃完，她依依不舍地前去试验室，我则关掉视频继续工作。

如果午餐只是为了填饱肚子的话，那么每天的晚饭则是我的重头戏。下午5点多下班后，我会先去菜市场采购，备齐各种原料到家，这时她也差不多回到家开始做午饭了。

我把手机用架子固定好，放在厨房最里头的隔板上——这样容易看清厨房的全貌，然后打开厨房的音响，放上自己喜欢的音乐，开始洗菜，等着她的视频呼叫。

结束了一天的工作，晚饭时间是我最放松的时候，但她却比较紧张和忙碌，因为每天中午只有一个半小时的时间用来吃饭休息，所以她回家的第一件事就是点开视频，然后一边和我说话，一边抓紧时间准备午饭。

我的晚饭相对中午的外卖会比较丰盛，也比较正式，即使提前做好，也会等着她在视频那头做好自己的午饭，然后才端到餐桌上，两人一起开吃，就像坐在同一张餐桌前吃饭一样。

我们一边吃饭，一边谈论今天自己身边发生的事情，如同我们面对面聊天一样。每当我做到她喜欢吃的菜时，她依旧会“抱怨”我比她吃得丰盛，然后念叨着想家、想我。后来，每次午饭再看到我做了她喜欢的菜时，她都会要求我列出材料清单，然后在晚饭的视频连线中，让我远程指导她做。

她的晚饭时间，我基本是已经躺在床上了，因为举着手机视频时常令胳膊酸痛不已，所以我在床头固定了一根万向的手机支架，可以随时调整方向和角度，让躺着聊天变得舒适。她则在视频那头，按我叮嘱的操作步骤，切菜、烧锅、放佐料，然后像个学生一样完成我午饭的同款。她一边开心地吃着，一边要求我点评，大多数时候，我都在她轻松地用完晚餐后，沉沉地睡着了。她便悄悄地挂掉视频，然后清理完厨房，再看看文献，便上床休息了。

随着时间的推移，陈博士不再只是做土豆炖豆角这样的菜式了。除了学习我经常做的菜肴，她也会主动提出要求，让我教她一些她自己喜欢吃的菜。有一些菜肴我并不拿手，就会提前在网上下载好攻略和步骤，然后假装自己很擅长，一边偷看手抄的菜谱，一边淡定地躺在被窝里，指导她完成我自己都未曾做过的菜，然后在她的夸赞里，一脸得意。

就这样，我们经历了一个又一个日升日落，虽然异地恋很辛苦，但是有了这样的陪伴，我们却并不觉得孤独。

又到了晚饭的时间。因为项目的原因，我通了一天的电话，早已没有了胃口，手机也即将没电，担心她中午回家找不到我，就决定给她发一条微信。

“手机没电了……”还没等我打完信息，手机便自动关机了，我只好拖着疲惫不堪的身体回到了家中。

到家第一件事情就是给手机充电，我把手机放在了床头，但却忘记了开机。我看到连日忙碌而攒下的脏衣服都快堆成了小山，便抱起一堆，放进阳台的洗衣机里。

打开电源，再倒上洗衣液，洗衣机便轰隆隆地转了起来，淅淅沥沥的水声让我从一天的烦躁中解脱出来，但是脑子依旧在不自觉地思考项目面临的问题和解决方法。我索性趴在阳台的窗边，望着路灯下的车来车往发起呆来。

不知道自己在想些什么，也不知道过了多久，我隐约觉得自己似乎有什么事情要做，但又记不起来。洗好的衣服一件件地被我晾了起来，然后脏衣服又一件件地被我丢进洗衣机里。

“嘭！”楼下的马路上突然一声轰响，打断了我的思绪，是对面的夜总会门口发生了一起交通事故。不知道什么原因，夜总会里涌出来许多年轻男人，互相推推搡搡，不多久便动起手来，周围的人纷纷避之不及。

我站在楼上看着他们争吵和吼叫，思索着要不要报警，突然想起了自己充电的手机，连忙跑进了卧室。

她已经给我发了好几条FaceTime视频连线的邀请了，微信里也有要求视频连线的信息，语气有些着急，甚至有好几个未接电话。我连忙第一时间拨通了她的视频。

“你干吗去了？”她在小床上躺着，语气有点委屈，带着埋怨，这种埋怨不同以往的撒娇，是真的埋怨。

“我手机没电了，刚开机。”看着她委屈巴巴的样子，我连忙解释。

“那你为什么不提前告诉我呢？这么长时间没有消息，你知道我有多担心吗？”她的声调开始变高，似乎有些气愤，眉头紧皱，眼睛里慢慢流出眼泪来。

我感到事情变得很严重，以前我们从未有过争吵，她这样的语气让我感到愧疚，抱怨和指责也令我感到不安。

我没有说话，把视线从屏幕里移开，低着头，叹了口气。

她也没有说话，沉默了一会儿，她擦了擦眼泪，抽泣着跟我说：“你下次有事情的时候，能不能告诉我一声，提前说也好，我也就不等你了。”

我看着她，思索着她是不是觉得我背着她做对不起她的事情了，便继续解释："我回家就开始洗衣服来着，刚刚看到楼下有人打架，才想起手机来，就连忙给你发视频，我一直都在家，哪儿都没去。"

"我不是非要管你在哪儿，"她似乎变得更委屈了，眼泪又开始往下流，一边哭一边说，"我只是想知道你的消息。"

说到这里，她停了停，平复了一下情绪，用纸巾擦了擦眼泪。

"我知道你辛苦，你要是觉得视频影响你的生活，你也可以不用每天陪着我做饭，只要多跟我发发消息就好了，不一定要立刻回复我，但是不要这么长时间消失掉。"她在视频里又委屈起来。

我为自己刚才的胡思乱想感到羞愧，她并没有因为相隔两地的暂时失联而猜忌我，只是需要我的陪伴，就像平日里一起做饭，一起吃饭时一样。

我的世界里可以有口味各异的早餐，有各种不同的外卖，可以有随时可以见面的朋友，但她却只有每天重复枯燥的实验、花样不多的菜肴和屏幕里的我。

我开始心疼她，又不想把话题继续，便关切地问她："你午饭做的啥呀？"

"我没吃。"她擦干眼泪，不再哭泣。

"我也没吃，要不我们做饭吧？"我提议道，虽然已经很晚了，并且自己也没什么胃口，但如果她想吃的话，我可以陪着她。

"不吃了，我躺一下就要去实验室了。"她摇摇头说，"你要是饿了就自己做点什么吧，以后别这么晚了，早点吃饭。"

"嗯！"我点点头，担心她不吃午饭会扛不住，"要不你吃两片面包再去实验室吧？"我提议说。

“我才不要吃那些破面包，我才不要涂那些破果酱，又难吃又长胖！”她躺在枕头上摇晃着脑袋地抱怨着，“你惹我生气了，晚上我要自己去吃干锅肥肠和油焖大虾！哼！”

她假装生气，把头扭向一边，丢给我一个后脑勺儿。就这样，一场风波烟消云散。

此后的两年里，我们都保持着这样的状态，偶尔也会有争吵和小脾气，但是却从未中断过每天的视频连线。她似乎也对做饭产生了兴趣，在周末或者假期里，不需要我的指导，会按照网上的教程做一些法式的甜点，或者包一些大包子直播给我看，然后在我的点评里，美滋滋地消灭掉，一脸炫耀。

后来，去法国看她的时候，我终于有机会走进那个小小的厨房——灶台、冰箱、锅具样样齐全的厨房。她却不再做饭了，而是每天带我吃不同的餐馆和食物。在索恩河边的那家中餐馆，我们点了她常吃的干锅肥肠和油焖大虾，我突然好奇地问她：“你说我都来了，你怎么不让我给你做饭呢？这不是浪费资源吗？”

“我才不要你在家给我做饭呢，以后有的是机会！”她边吃边笑，“你多陪陪我，比什么都好！”

这就是那两年我们的相处方式，那些每天视频连线时做的饭，或许是在我们分隔两地的时光里，能够给予对方的最深刻的爱了。

一万公里外的求婚

我的英语很烂，法语也只会Bonjour(你好)、Merci(谢谢)、Au revoir(再见)这类简单的口语。但是这次，我却要独自坐飞机去巴黎，再换乘火车到里昂，给陈博士准备毕业餐，她的毕业答辩定在了2012年10月的下旬。其实这次飞往法国的重头戏，除了要庆祝陈博士毕业，最重要的就是——向她求婚。

在法国，博士生毕业答辩后，都会准备相应的冷餐来招待参加答辩会的师生和朋友，以示庆祝。我提前半年就答应了她的请求：把她答辩前后的时间空出来，去法国陪她。自然，冷餐会的任务也就落在了我这个喜爱做饭的人身上。

陈博士毕业前的几个月，我们依旧是雷打不动地每天视频连线，有时候也会讨论冷餐会的菜单，但对于忙着毕业论文的她来说，讨论菜谱是次要的。从来没有参加过博士生毕业冷餐会的我其实很紧张，因为这样的一餐，在她今后的人生里，不会有第二次，而我又得把求婚的事，表现得不露痕迹。

从八月开始，我一边在北京处理手头的工作，一边罗列着要做的菜式，偶尔吃到新奇的食物，也会琢磨着增加到冷餐会的菜单里，但最后都被陈博士一一否决，不过她爱吃的炒饭却一直保留着。直到出发前的两周，她终于确定了要做的菜式，基本都是一些简单的小吃：米布、坚果蔬菜寿司、金枪鱼饭团子、三文鱼牛油果的开放三明治以及中式的鲜虾蒸饺、烧卖，还有我的秘制炒饭。

我觉得这些好像并不能展现出自己的厨艺水平，但既然她这么要求了，就努力满足吧。拿到签证后，我花了两天时间去采购原材料，比如坚果、酱油之类。担心种类太少，又跑去买了些红豆酥和用来做甜点的蛋挞壳，刚好市场里有大枣、核桃、蜜枣，就顺手买了两包给她当零食。

原材料采购齐全后，我担心去了法国买不到合适的餐具，就又去了一趟市场，买了盛餐用的盘子、装点心用的竹篮，还有用餐的一次性刀叉。我装完满满一行李箱的食材调料，连换洗的外套都没办法再塞进去了，想了想，要不就走之前两件都穿上，到了之后再换下来吧。安排妥当，我发短信给她："等着我吧！"

她并没有过问食材的事情，唯一担心的是我自己一个人上路会不会遇到困难，毕竟我的英语水平有限。

"要不我去巴黎接你吧，这样我也能踏实点儿。"她在视频那头说。

"不用不用，你抓紧时间修改论文吧，我没问题的！"我对自己信心满满。我还准备在冷餐会当天向她求婚呢！

带上一行李箱的食材，贴身的衣兜里装好钻戒，叫上一辆出租车直奔首都机场。出关的时候，我却被边检拦了下来。小伙子一边对照我的护照一边疑惑地看着我。

“有什么问题吗？”我问。

“先生，要不请您靠边稍等一下吧！”他抬手示意，请后面的人先办理，然后拿起电话，悄悄地说着什么。

等了差不多六七分钟，身后的人一个个都顺利出关了，他们丝毫没有给我放行的意思。

“是我的护照有什么问题吗？”我有点着急，上次也是用这本护照去的法国，并没有出现问题啊……

“您能出示一下身份证或者报一下身份证号码吗？”

按他的要求，我提供了身份证号，但是他依然没有放行的意思。他用电话叫来了另一名女同事，两个人一边看着我，一边对比护照。

我突然意识到了问题：“是不是觉得我本人和护照上的照片不太像？”的确，剪了头发，也瘦了很多的我，样子会有一些变化。

“因为我比之前帅太多了，是吗？”我打趣地说，心里却十分担心，会不会延误航班。

“您稍等，我们再确认一次！”还需要等待，我开始焦虑了。

“您的确变帅了！祝您出行愉快！”他们终于放行！

原本严肃的女孩子，冲我莞尔一笑，使我那紧张的情绪也一扫而空。

十一个多小时的飞行，巴黎时间早上7点半，我落地戴高乐机场，边检的工作人员都没有正眼核对我的护照，我便顺利出关了。开机之后，手机上就收到了陈博士的信息，落地变成文盲的我，按照她的提示乘坐机场快线地铁，顺利抵达了位于Aéroport Charles-de-Gaulle 2地下的TGV火车站。但没想到的是，火车站售票厅里的手机信号奇差，这时候的我，没有了陈博士的指引，兜兜转转，找到了一台自助售票的机器；但是只会终点站“Gare de Lyon Part-Dieu”（里昂市的一座火车站）法语发音的我，完全不会它的拼写，周围也没有人让我可以寻求帮助，最后在人工售票厅里，凭借仅有的英语和法语词汇，连说带比画，买到了上午9点58分开往里昂的火车票。

经过一个半小时的车程，我终于到了里昂！

* * *

陈博士接上我，帮我办理完酒店的入住后，又马不停蹄地回到实验室处理论文要用的数据了。在酒店百无聊赖的我，决定下楼转转附近的超市，为三天后的冷餐会做准备。结果转悠了一大圈，除了找到一家加油站里的便利店外，一无所获。

第二天一早，在我的要求下，她带着我从酒店走到了两条街道之外的家乐福超市后，便急匆匆地去了实验室。午餐前的时间里，我摸清了家乐福到酒店、酒店到她的学院、学院再到家乐福之间的路线。等到她快要忙完工作，我便去学院的门口等她，然后再一同回到她住的小屋子里做饭。

趁饭后她休息的时间，我整理出要采购的食材和物品清单，记在一张纸上。送她去实验室后，我便跑去家乐福一一对比，然后再勾选出能买到的商品，算好价钱，数好钞票，尽可能减少和收银员的语言沟通。买完之后一趟一趟地往小屋拎。四十多人的冷餐，需要买的东西真不少，尤其是那几十瓶的矿泉水和果汁，费了我半天劲。

到了晚饭时间，我才知道，作为一个行事严谨的科学家，陈博士已经做好了这几天的计划：第二天一早，会有她的好朋友大璐和辉哥两口子开车带我去更远更大的超市集中采购；第三天需要我和她预演一次，要将所有的食物在答辩结束后的十分钟内，从四楼的休息室送到一楼的答辩教室，再摆放整齐让大家享用。陈博士怕当天忙不过来，还邀请了其他几位朋友前来帮忙，为此我们专门建立了一个微信群，名字叫——陈小博毕业冷餐会亲友苦力群。

一切都按部就班地进行着。答辩日早上8点，我拖着陈博士平时买菜的小购物车，去家乐福采购新鲜的法棍和三文鱼，感觉自己很像一个去菜市场赶早的法国老太太。“Bonjour, madame!”遇见老太太时，我愉快地和她们打招呼。

买好了东西，返回小屋，阿辉和大璐早已经在楼道里面等着了。不一会儿，另一位好朋友张晶菁也到了，小屋的厨房一下子变得拥挤起来，应该从来没有这么多人同时进来过。简单地吃过早饭后，大家各司其职：大璐负责焖好寿司和饭团需要的米饭，张晶菁负责把烧卖和蒸饺蒸熟，阿辉则帮着洗水果、处理食材。

寿司和饭团可以冷藏保存得久一些，所以最先完成；各类水果清洗干净，装进保鲜袋，到冷餐会开始前再处理，以免变色；牛油果用柠檬汁加盐和黑胡椒碎调味，做成果酱冷藏起来备用；蒸饺、烧卖隔水蒸熟，装进保鲜盒里，吃之前再加热一次；烤好的蛋挞壳里挤上一层草莓果酱，再填满打发好的香缇奶油，放上杏仁装饰，就成了简单的甜点；红豆酥就更不用说了，撕了包装直接摆盘就行；牛奶和米粉熬好的米布，装进5升的玻璃瓶内，吃之前再加热分装；煲好的米饭加入鸡肉粒、洋葱碎和各种蔬菜丁爆香后，再加一点点酱油和白胡椒，就成了陈博士最爱的炒饭。做完这些，我感觉好像还缺一些甜点，毕竟法国人爱吃甜食啊！这时候国内带来的那几包大枣、核桃、蜜枣就派上了用场。核桃仁拍碎放进去核的大枣里，就成了我们常见的枣夹核桃。阿胶蜜枣掰开，在中间塞上一粒夏威夷果仁，也特别好吃。就这样，又多出来两样小零食。

差不多中午时分，做完了这些工作，我们四个把所有的食材和酒水一趟趟搬到阿辉的车里，再拉到博士生院四楼的休息室保存，等着答辩室里的中国留学生仪丹学妹的通知。

离陈博士答辩结束还有差不多四十分钟的时间，仪丹学妹在群里发来消息："可以准备啦！"我们就开始制作三明治和水果杯。早上去买的新鲜法棍挨个儿切片，再涂抹上一层牛油果酱，放上切好的三文鱼刺身，就成了简单又好吃的三明治。草莓、芒果切好，和蓝莓、树莓等水果搭配好，装进透明的杯子里，好看又健康。休息室的两台微波炉循环不停，加热好米布、蒸饺、烧卖和炒饭以后，时间刚刚好！

"可以上餐啦！"仪丹学妹在群里通知我们。阿辉推来一辆特别大的实验推车，我们一起装好所有的餐点，推到答辩的教室。教室里的桌子早已经被在场的同学们布置整齐，摆好餐点和酒水，放好各式餐具，就等着上“大餐”了。

没过一会儿，导师们鱼贯而入，陈博士神情严肃，整个教室也变得特别安静，看得出她有一些紧张。

“Félicitations!”（恭喜）一位导师面带微笑冲她说道。

“Merci! Merci Beaucoup!”（谢谢！非常感谢！）她激动地说。

“Félicitations! Félicitations!”大家纷纷赶来祝贺。

“嘭！”香槟打开了，导师们也开始给她送上了提前准备好的礼物，冷餐会就这样愉快地开始了。

站在角落里的我松了口气，兜里的戒指盒被我的手握得滚烫。等到人群逐渐散去，我们开始清理剩余的食材。

“嘘……”大璐冲我使了个眼色，“抓紧啊，你还等什么？”

阿辉也凑过来悄悄地说：“需要我们配合吗？”

向她求婚的事情，陈博士一直不知道，我并没有打算在人多的场合表白，怕她会无所适从，只是今天，需要找一个适合的场地。

“我去楼上办公室拿一下包，然后咱们就回去吧。”收拾完后她跟我说。

“要不，我跟你上去吧，顺便也看看你的办公室。”我觉得这是今天最好的机会了。

跟着她上到了四楼，一路心怦怦直跳。等到她取完包一扭头，看到了半跪在地上托着戒指的我。

就这样，我完成了这次行程中最重要的求婚。

新的一天，从早餐开始

陈博士毕业回国后，选择留在北京和我一起生活。在我和她家人的支持下，她放弃了去学校任教的机会，成为一名博士后，继续做生物化学的基础研究工作。

陈博士的工作地点在北京西六环外的门头沟，每个周五，她都需要坐两个多小时的班车进城，然后再换乘地铁回家和我度过周末时光。周末结束后，在周日的晚上，由我开车送她去实验室，准备开始下一周的工作。

这样的生活雷打不动地持续了半年。后来，她因为参与实验课题而变得忙碌起来，有时候周末也需要加班。为了有更多的时间相处，我们把家搬到了她的单位附近，新家离实验室开车只要五分钟。

恰好那段时间，我创业的公司岌岌可危，于是，每天没有什么事情可做的我索性在家，天天给陈博士做饭。

科学家的工作并没有想象中的美好，日复一日的试验和数据处理，乏味、枯燥又耗费体力。她每天早上7点准时起床，直到很晚才能回家休息，有时候实验安排比较密集，还需要熬夜工作。偶尔遇到活体标本的实验安排，无论多晚都要驱车赶往城里的合作医院提取小样，再连夜送回实验室提取组织进行培养，等回到家往往已是深夜。

看见她工作这么辛苦，我很心疼，除了尽可能接送她上下班和陪她进城取试验样本之外，给她多做一些好吃的是最直接的关怀方式。因为午饭和晚饭，她基本都在单位的食堂吃，所以早饭便成了我们一日三餐的重点。

作为一个多年从事影视行业的工作者，我和这个行业内的多数人一样，习惯晚睡晚起，甚至没有吃早饭的习惯，偶尔早起一次，早饭也就在便利店解决了。但是两个人过日子，早饭就不能凑合了，毕竟这是我们一天当中，唯一能一起吃的一餐饭。

虽然我的生物钟让我在陈博士起床的时候依旧是半睡眠的状态，但我也会挣扎着起来，趁她洗脸刷牙的工夫，准备好一餐营养丰富的早饭。这已经成为我潜意识里的一种责任和义务，并且，会尽可能地保证每天的早饭都不重样。

有时候，我会摊上一张金黄的手抓饼，在饼胚出锅前，再煎上一根香肠和一个鸡蛋。在饼上刷点酱，放上煎蛋和香肠，再放几片生菜叶，卷起来，搭配温热的豆浆，味道比街边的鸡蛋灌饼美味多了。有时候，我也会用面包机热两片面包，再煎点培根或拌一点金枪鱼，和其他蔬菜一起做成三明治，再用小奶锅热一杯牛奶端给她。

如果时间充裕的话，早餐的食物也会相应地多样和丰富，既有常规的牛奶、煎蛋、三明治这样的西式早点，也有中式的豆浆、油条、稀饭、咸菜。我还会准备一些坚果、水果或者蔬菜进行搭配，再摆盘。

“今天心情不错啊！”每到这种时候，她都会笑着对我说。

早饭结束后，我便开车送她去实验室开始一天的工作，之后我再回家继续睡觉。那段时间，这便是我每天早晨的生活状态。

日子平淡无奇地一天天度过，陈博士依然忙忙碌碌，没有工作的我却在家无所事事。收入的减少让我倍感焦虑，可现实的困境又让我无从下手。我每天浑浑噩噩，大部分时间用来睡觉，或者窝在电视前发呆。晚上入睡前，我内心则充满负罪感，迟迟无法入睡，只好用玩手机来打发时间，往往熬夜到凌晨三四点才能睡着。

陈博士很担心我的状态，希望我能作息规律。我每次都答应她，却从来没有做到过，但依旧保持着每天早起给她做饭的习惯。

因为长期睡眠不好，早起更让我万分痛苦，做早饭也就开始变得敷衍。超市卖的速冻食品是最佳的解决方案，我们家的冰箱冷冻柜里，充斥着冷冻水饺、包子、奶油馒头等速食产品。一般情况下，我会在头一天晚上用电饭锅设定好煮粥的时间，第二天一早，再蒸几个馒头、包子或者饺子，配上现成的方便榨菜，这样的一份早餐，我不到十分钟就能搞定。

作为一个东北女孩，陈博士喜欢吃一些带馅儿的食物，比如包子、饺子、馅饼等。这些速冻食品相对于新鲜制作的面点来说，虽然口感差了不少，但是她也满不在乎，即便单位食堂的早饭丰富多样，她也依旧每天在家吃我做的早饭。

我的内心更加感到不安，知道这样的早饭完全是在应付，可在那些焦躁不安的日子里，我完全失去了做饭的兴趣。事业糟糕的现状让我愁眉不展，渐渐地，屋子里布满了灰尘，厕所的脏衣篓里堆满了未洗的衣服，厨房的洗碗池里也经常泡着脏盘、脏碗……我的生活变得很混乱。

我担心陈博士反感我现在的窘境。虽然我们平日里无话不谈，但是在工作方面，行业之间跨度太大，彼此总是默契地不去干涉对方。但是，工作也是生活的一部分，两个人一起生活，早就成了命运共同体，哪能不受影响呢？

每天早饭时，我们会照例询问对方今天的工作计划。或许是为了让她安心，也或许是因为失去工作的不安和自卑，那段时间，我都刻意表现出自己忙碌又努力的样子，告诉她今天要做什么。然而，在她走后，我又继续颓丧而迷茫地度过一天，甚至自欺欺人地在她进门时，从沙发上跳起来，快速地坐在电脑前，假装很忙碌的样子。

我不清楚她是否知道我在家时的状态，但是隐隐约约觉得她应该能感受到我做早餐时的敷衍。后来，她以时间来不及为由，改成去单位的食堂吃早饭了。

有的时候，早上被她起床的声音吵醒，我虽然内心依旧自责不安，可因为困意，便躺在床上闭着眼问上一句：“在家吃饭吗？吃的话我就起来做。”

这哪里是真的要做饭的态度？想当初，我是闭着眼睛二话不说翻身爬起钻进厨房的。而如今，面对我这样的态度，她自然是不会在家吃早饭的。到后来，陈博士甚至不再要求我每天开车送她去上班了。她开始早早起床，然后花半个小时走路去单位，或者宁可在楼下的大风里等上一刻钟，坐上几站公交车到单位。而我理所当然地继续昏睡到中午。

就这样，我们两个人每天一起的早餐时间被舍弃了，我们之间的交流也越来越少。每次她回到家里，我都能感受到一种似有似无的疏离感正慢慢地在我俩之间蔓延。

一天傍晚，陈博士一反常态地在下午5点之前就到家了，而我自然是早已在电脑前正襟危坐了。

“你怎么这么早就回来了？”我一副做贼心虚的样子，讨好地问她。

“今天实验不顺利，我想早点回来。”她换好拖鞋，丢下包，疲惫地瘫坐在沙发上。

本来手里就积压着好几个实验课题，再加上课题组又有新的项目要申报，作为团队里的骨干，近期的工作压力使她感到很焦虑。

“你在家忙啥呢？”她叹了口气，可能是不想再谈工作的事情，便把话题转向了我。

“我就写点东西，顺便剪剪素材。”躺了一天的我，撒谎都不脸红。

“你别总在家里坐着了，整天喊着颈椎疼，出去活动活动。”她看着我，带有一些关心。

“晚上想吃什么？”我冲她笑笑，赶紧转移话题。

“你快抓紧写东西吧。”她说完，拿起茶几上的电水壶，倒上半壶水，拎去厨房烧。

我哪有什么东西可写，家里也没有什么东西可吃，如果不是她这么早回来，我或许会点一个外卖，或者煮一碗泡面解决晚饭。

“啪！”厨房传来水壶重重落在案台上的声音。

“怎么啦？”我连忙冲了进去。

她黑着脸站在水池边，看我进来，没好气地冲我说：“你一天都在家，地不擦，衣服不洗，这么多碗也泡在池子里，我不知道你一天都忙些什么！”

的确，池子里泡着的，除了我们俩早饭用过的餐盘，还有我中午使用过的碗筷和刀具。

我自然是理亏，被她问得哑口无言，默不作声地打开水龙头，开始洗碗。

她也不再理我，转身进了洗手间，开始洗盆里泡着的几件内衣。这些衣服已经泡了两天。之前，我俩之间达成了默契，需要手洗的衣物，谁有时间就主动去洗。因为最近比较忙，她泡了两天的衣服没有来得及洗，我虽然看见了，可是懒惰到连饭都不想做的我，哪有心情去洗衣服。

我听见她哗啦啦地洗着衣服，赶忙跑进洗手间，尴尬又讨好地问她："你饿不饿？晚上想吃啥？我下楼去买菜。"

她的头抬也没抬，没好气地说："不吃了，你想吃什么自己做吧，我回宿舍住了。"

我们之间很少发生这样的不愉快，这使我很是慌张，后悔因为自己的颓废和懒惰，懈怠了对她的关心和照顾。

我不再说话，回到厨房继续洗碗，内心里却后悔不迭。陈博士其实在单位分到了一间宿舍，有时候加班到半夜，也会偶尔住在那里，但我在家的时间，她很少在单位住。她今天这么早回来，却要再回宿舍，这让我感觉事态有些严重。

没等我磨磨叽叽地洗完碗，陈博士已经晾好了衣服，"砰"的一声撞上了门，走了。

我有点泄气，放下手里的碗，瘫坐在沙发上不知道怎么办。

我不知道她的生气是因为工作的压力，还是因为我的颓废，但我知道她心里一定不好受。我除了后悔和自责，也幡然醒悟。

生活有成千上万种面貌，不是每一种都美好。消极懈怠、沉沦迷茫都无济于事，只有行动起来，活在当下，才能让两个人的日子好过一些。哪怕只是洗一个碗，或者用心做一顿早饭，都能让对方感受到自己面对逆境时候的勇气，而这是对她的尊重，也是对生活的尊重。

我使劲地抓了把头发，握紧拳头，在微信上给她发出一个拥抱的表情。没过多久，她也回复了我一个同样的表情。

我猜她已经不生气了，准备在第二天她下班时去接她回家。可没多久，家里的门开了，她带着打包好的饭菜出现在门口。

我傻呵呵地笑着，连忙迎上去，接过那几个饭盒，一把抱住她。

“别闹了，我在食堂给你带的饭，你赶紧吃！”她假装生气地说。

“还以为你要跟我分手呢？”我说。

“你要再这样下去，我可真的跟你分手了！”她假装威胁我。

“不敢不敢！”我连忙求饶。

一份干煸豆角、一份土豆片，原本两个再普通不过的家常菜，就着白饭，却吃得我内心五味杂陈。此时，食物的平凡本味，给予了我巨大的温情和能量。

我一口一口地扒拉着碗里的饭，看着陈博士一件件地叠好沙发上堆积的衣物，再放进衣柜里。

我们沉默不语，房间里隐隐约约积蓄着一种压抑的情绪，我每吃一口饭，这种情绪就变得更重了一点，突然，我鼻子一酸，眼泪就下来了。

我们想要的爱情，渴望的生活，总会回归到眼前的一粥一饭里。生活节奏越来越快，人也变得越来越懒惰，把希望寄托于“下次”，或者“明天”的时候，对身边亲近的人来说，是一种敷衍，久而久之，两个人的相处，似乎就少了一种“被在乎”的安全感。

我能理解陈博士的抱怨，也意识到我们每天一起吃的早餐，对她来说是何等的重要。和她常吃的食堂或者不得不点的外卖相比，她或许能在每天早上在家吃的早餐中，找到家的归属感，这会让她踏实和心安。

在这之后的很长的一段时间里，我的工作依旧不太顺利，每天也还是宅在家中，但我却开始认真地做好我们的每一餐早饭。

在我的人生中，做饭是非常重要的一件事情。

我花了一年多的时间，给四十多个留守的孩子做过饭。

随着与孩子们的接触不断深入，我逐渐感受到了他们对爱与陪伴的渴求。

给魏磊做比萨，是我决定开始给山里孩子们做饭后，完成的第一餐。

那些散落满地、璀璨如星的野草莓，珍贵又美好。我从园子里摘了草莓，加上青提、菠萝、蜜瓜等，做成一盘沙拉。

因为背篓比较高，我不得不伸长脖子弓起腰，撅起屁股支撑背篓的底部，宛如一只笨拙的呆鹅。

黑色的鼎罐里飘出诱人的饭香，下面的柴火烧得正旺，一屋子热气腾腾。

“辰希，快去洗手，叔叔煮了你和妈妈最爱吃的海鲜泡面！”辰希外婆开心地催促他。

在我的陕南老家，菜豆腐算是一道很常见的美食，而它却是我灵魂深处的家乡味道。

父亲和多年未见的战友终于相聚，我做了一个和他生日当天一模一样的蛋糕给他们。

陈博士是我的女朋友。我们是异地恋，她在法国，我在北京。

他手里端来一个杯子，上面我的名字清晰可见。我清楚地记得，这是十几年前的那个疲惫的早上，我只用过一次的杯子！

我想起那个冬天衣着单薄的小姑娘，那个曾经总是趴在工位上睡觉的小姑娘，那个忽闪着大眼睛说要回到外星的小姑娘，是不是乘坐着阿毛驾驶的飞船，飞回了自己的太空？

大暴雨带来了清凉，趁着没什么客人，可以做可颂了。

我发现自己不可救药地爱上了手工开酥的日子。

用心做的食物，总会有人喜欢。

我开了一家向往已久的咖啡馆，体会到了一种失而复得的美好。

他们是第一批进我店里点咖啡喝的老人，担心他们喝咖啡不太适应，我赶紧送上一碟小饼干。

陈博士也不会刻意地留在家中吃早饭，但是早饭依然是我们一天当中最重要的一餐，似乎只有每天一起吃过早饭，才是新的一天的开始。

无论是在家吃还是在外面餐馆吃，早餐成为我们两个人新的一天开启的仪式。有时候，我们还会一起去她单位的食堂吃早饭，或者就开车到附近的包子铺，给她要二两猪肉大葱馅的小笼包，我来几个虾仁馅的，就着蒜泥和陈醋，热热乎乎地吃完，然后送她去单位。

日子久了，习惯就变得自然而然，即使不做早饭，我也会定时醒来。早起让一天的工作效率加倍，我也变得更加积极主动。陈博士也会偶尔尝试给我做一餐早饭，甚至在我夸奖了几次她做的茶叶蛋好吃后，开心地一下子煮了好几十个鸡蛋，硬生生地让我吃了近一个礼拜。

这世上有多少种早餐，就有多少种生活方式。我们的早餐，有刻意的丰盛，也有随意的简单。而我们的生活，如同每天都一起吃的早餐一样，有甜蜜辛酸也有热辣甘甜，有困顿烦扰也有清醒克制。但不管生活如何多变，我们每一餐的早饭里，永远都有相爱的味道。

辑三
一切都是最好的安排

一个生日，一碗白饭

2005年初，我来到北京，这里远没有之前想的那样充满激情与梦幻。感叹完大城市的繁华后，现实的压力很快就扑面而来。

因为刚到北京，没有住的地方，我暂住在校友李恒租住的地下室里。那时，很多像我一样的年轻人为了能省点钱，都会住在潮湿、没有窗户的地下室。每天的日出日落和地下室没有丝毫关系，靠着一个闹铃，大家日出而作，日落而归，就像一只只循规蹈矩的地鼠。

那段时间，我感觉自己不是在生活，而是在凑合着熬过每一天，同时也担心自己有可能随时被“扔”出这个城市。

没多久，我在北京的东四找到一份剪辑助理的工作，因为距离所住的地下室比较远，思索再三，我决定自己租房。

新家在离北京西站不到两站地远的小区里，我的小屋不到25平方米，是一间复式的公寓。房东很聪明，给上二楼的楼梯加了一道小推拉门，这样，一套房子就变成了两个单间。我租住在二楼，一楼则被租给了一个来自湖北的女孩。

虽然屋子很小，但总归是有了自己的小窝。小小的单间里配有一个独立的卫生间，加上还算宽敞的飘窗阳台，每天早上还会有阳光洒进屋子，这让我的幸福指数提升不少。

一张床和一个写字台，还有楼梯口一个小小的木衣柜，这些就是我全部的家具。屋子里放下这几件家具后，就已经显得很紧凑，再多一件都会空间不足。除了没有办法生火做饭外，我对小屋的一切都感到满意。

有一天，我在小区里遇见了大学时期的校友艾丽丝，她与我住在同一栋楼里，只是分属不同的楼层。她告诉我，同一个小区里还有很多我们的校友。

因为来北京比较早，加上经济比较稳定，艾丽丝租住的房子是一间独立的公寓，虽然面积不大，但却有一个小小的厨房。虽然只是一个操作台的面积，上面也只能放一台电饭锅，但已经让我羡慕不已。毕竟自己做饭，能省下不少的生活费呢！

对于刚刚离开校园的我们来说，在北京压力最大的，一是找不到工作，二是每个月要缴纳的房租。大部分人想要住得稍微舒适一点，一月收入的三分之一就要交给房东，再除去水电费、电话费和交通费，所剩的钱便寥寥无几。相当长的一段时间里，我没有买过一件新衣服，出行也挑最省钱的公交线路，连吃什么样的盖饭我都要盘算半天。

如何省钱，成了我，甚至我们那一批人共同的聊天话题。

固定的开销节省不了，只能从衣、食方面下手了。我的校友们为了省钱，摸索了很多经验，有的选择一日两餐，有的每天自己带饭。我的运气比较好，公司管午餐，如果加班，晚餐也可以报销。

那时候，节衣缩食成为我们小区里租住的校友们普遍的生活状态。平日里大家吃的都不太好，只有发工资或者过生日的时候才会改善伙食。

每个人过生日，都会不约而同地请大家到楼下的苍蝇馆子撮上一顿。虽然是别人请客吃饭，但赴约的人都会很默契地带上简单的礼物，点上几个便宜又下饭的菜，让老板上一壶白开水，吃吃喝喝，能开心地聊到很晚。

那些日子里，生活虽然艰苦，我们却充满希望，每次家里打电话问及我们的生活状况，大家的回答都是千篇一律："我很好""还有钱""吃得好着呢"……

有一次，校友的母亲坐飞机路过北京，专程跑来小区看她，顺便请大家吃饭。那是一桌并不算高档但很丰富的菜，对当时的我们来说太有诱惑力了。虽然我们尽力表达着自己过得还算不错，但吃相却暴露了我们生活的不如人意。一顿饭下来，居然有几个同学吃吐了，我们真的太久没有这样酣畅淋漓地吃一顿了。

阿姨没有当场揭穿我们，只是不停地为大家加菜。桌上的校友们吃饱后也没忘记未能到场的同学，打包了所有的食物，带回去给他们改善伙食。

那些日子，简单而快乐，仿佛只要解决了吃住问题，我们便是最幸福的人。平日里谁有了好吃的，也会想着和大家一起分享；有人没地方住，大家也会帮忙想办法。因为同属于影视行业，加班熬夜是家常便饭，每个人工作的辛苦，其他人都能感同身受。

不久后，我的同班同学阿健来北京学习，暂住在我的小屋里。

同往常一样，那天我加班到凌晨，回家的时候，天边已泛起耀眼的晨光。路边的小吃店开始把包笼、汤锅，端出来准备迎客，原本萧条的街道开始变得热闹。我一边迎着朝阳，一边拖着略带疲倦的身体往回走。

那些年，做影视的门槛首先是要习惯昼夜颠倒，通常别人在考虑晚上吃什么，下班去哪里逛的时候，我们才刚刚开始工作。每天迎接我们下班的就是这些早点摊铺和零星的晨跑者。

不过今天有些特殊，今天是我的生日，也是我到北京的第一个生日！因为工资还没有到账，我很发愁晚上请客吃饭的事情，心里想着，实在不行就不要跟大家说了。

回家的时候阿健还在睡，他睡觉的样子很有趣，总是喜欢侧身抱着被子，一只袜子还挂在他的脚尖上，估计昨晚也是工作到深夜。我把买来的早餐放到桌子上，便洗洗睡了。

醒来的时候，阿健正坐在桌边敲打着键盘，旁边是一根抽到一半的烟卷和一个吃光的外卖包装盒。头上的电风扇吱吱地转着，夕阳的斜辉照射到地板上映出一圈复古的黄晕。我揉揉还在蒙胧中的眼睛，看看手表，居然已经是下午6点多了。阿健问我什么时候回来的？怎么了睡这么久？要不要吃点东西？

除了困倦和疲惫，我没有别的感觉，便摇了摇头。熬一整夜的工作很难让人有胃口，每次回来只想睡觉，吃饭变得不再重要。如果晚上饿了，就用一碗泡面解决。虽然这一直都是我日常的生活状态，可一想到自己的生日居然要这样度过，心里难免一阵酸楚。

看到我的状态不好，阿健提议去艾丽丝家里玩一会儿，最近大家都忙于各自的工作，好久没有见面了。艾丽丝的屋子在我们这群朋友里面算是“豪宅”，除了那台电饭锅，阳台的电视是我们休闲娱乐不可或缺的设备，所以大家平时有空时都喜欢去她那儿。艾丽丝为人很热情，有时还会特意买些花生、瓜子等零食来招待我们。

就算是再熟的朋友，见面也难免会客套寒暄。艾丽丝家还有几个校友在，他们看上去也是一样疲惫，或许最近工作比较多，跟我一样不得不经常加班熬夜吧。看着电视，我们有一搭没一搭地聊着天，从理想和远方，渐渐变成眼下忙碌的工作和如何省钱的实战方法。

艾丽丝今天扎起了马尾辫，看着跟大学的时候一样。她和我们说着身边发生的各种事情，聊到上周有同事过生日，公司给那位同事发了一张蛋糕券，同时还放了一天假。她在言语中表达了对这种公司制度的不满，认为生日就要大家一起过才有意义，在生日当天放假反而会给人一种疏远感和不被关注感。

一个生日，一碗白饭

通常，在某个人抛出一个有争议的话题后，我们都会进行颇为激烈的讨论，今天也是如此，就生日如何过才有意义大家各自发表了看法。女同学们几乎都站在艾丽丝这边，而几个男同学认为现在工作这么累，在生日的时候放一天假也是挺好的，本身成年人也很少给自己过生日，能收到家人和朋友的问候就已经很知足了，不会太在意形式。平时挺健谈的我对此事一直沉默不语，因为我在想要不要把今天自己过生日的事情告诉大家。

艾丽丝见我有些反常，便问道："你今天怎么了？怎么不说话了？"

没等我开口，阿健就替我打圆场："他昨天又加班到后半夜，你打电话的时候，他才刚起来，可能还有点儿累吧。"

"唉，你们做后期的真是太辛苦了。我们公司也是一样，后期的同事基本上都是晚上工作，白天睡觉，时间一长，生物钟全打乱了。"

面对艾丽丝的关心，我有点儿纠结，更有点儿不好意思。这个时候，我不打算隐瞒了："其实，今天是我的生日，但是我还没有发工资，手头不太宽裕，所以没有办法请大家吃饭了！"

大家齐刷刷地把目光投向我，纷纷祝我生日快乐，也有人抱怨我不早说，至少可以准备一个蛋糕或者一桌饭菜。艾丽丝则表示，除了我，大家都已经吃过晚饭了，没必要再请客。

我尴尬地跟大家解释着原因。阿健在一旁建议大家一起陪我下楼去吃饭庆祝，我连忙拒绝。艾丽丝则悄无声息地进了她的小厨房。

我们依旧是有一搭没一搭地聊着，大家出着不同的主意，从下楼吃饭最终演变成楼下哪家的锅包肉好吃，哪家的水煮鱼刺少肉多。

终于，小厨房里传来"滴滴滴"的声音，艾丽丝说："我焖了一点米饭，然后再叫一些外卖，我们在家陪你过生日吧！”

我依旧没有胃口，但是却不好拒绝她的好意，只是不好意思地对她说：“我真的不饿，但是很想吃一碗你焖的白米饭！”

看到我如此坚持，艾丽丝不再劝我，她把一碗白米饭端到我面前，开玩笑地说：“那你就把这碗白米饭当生日蛋糕吧！”

“对，就当作是蛋糕吧，下次你过生日我们再好好给你补上。”阿健拍着我的肩膀，真诚地说。

我端着这碗白米饭，内心有一股很强烈却被压抑了很久的情绪冲了出来。也许是工作的辛苦和生活的不易让自己变得很容易感动，我的眼里瞬间充满了泪水。我强忍着，不让它流下来。我一口一口地吃着碗里的白米饭，没有任何配菜，也没有任何饮料和酒水，可这却是我吃过的最美味的一碗白米饭。

后来的日子里，大家都很努力地工作，生活也变得一天比一天好。过生日请吃饭依旧是大家默认的规矩，只是有些人陆续地从小区里搬走了，像以前那样聚在一起吃饭、聊天的日子便越来越少了。艾丽丝是第一个离开小区的人，慢慢地也很少再和我们联系。最后，我也搬离了那个小区。

时间拉开了我们彼此的距离，大家的感情也就停留在了那个小区。当初我们这一拨人就成了联系的时候大家都在，不联系的时候则集体消失的群体。

那碗白米饭，艾丽丝可能已经想不起来了，但我却一直记得。

谢谢你，艾丽丝。

一切都是最好的安排

第一次创业失败后，我关掉了公司，接下来有很长的一段时间，都沉迷于在家做饭。

也许是太久没有好好地犒赏过自己的肠胃，自从自己做饭之后，口腹之欲变得膨胀，连平日里好多不爱吃的菜，也有了尝试着做一下吃吃看的兴致。

因为不需要工作，我便有了大把的时间来料理食材。大多数时候，我会睡到自然醒，穿上拖鞋，先在客厅的沙发上发会儿呆，缓一缓还没清醒的神智。等我差不多完全苏醒，再去冰箱里翻翻可以用来做早餐的食材，不慌不忙地洗漱完，再慢慢悠悠地煎个鸡蛋、烫点生菜，或者煮一点面条，怡然自得地吃起来。

有时候，我也会在前一晚泡好各种豆子和果仁，等到早上醒来后，按下煮粥键，再重新回到床上，要么睡个回笼觉，要么看一部电影。等锅里的粥熟了，我再拍个黄瓜或者拌一点咸菜。每天，这样的早餐都让我吃得满意而且舒服。

以前的日子，上班匆忙，能做早饭的日子屈指可数。大多数早晨，我都是在便利店匆忙解决掉早餐，即使是不上班的周末，也是一觉睡到中午，然后早午饭一块解决。

我那时候租住的是一个大三居的房子，同住的室友是我的发小老皮，还有弟弟喜华。因为不用上班，我就承担起了给大家做饭的任务，平日总在外面吃饭的他俩，也便有了回家吃饭的习惯。

吃完早饭后，我通常都会外出采购，在相隔一条街的超市，能买到我们日常所需的一切食材。如果起得更早，还能赶上对面居民区里的早市。

那段日子，逛早市，成了最能治愈我的方式。

每天，随便套上一件短袖，穿一条宽松、舒适的裤子，踩一双轻便的人字拖，不洗脸，也不带手机，只揣上家门钥匙，带上零钱，再挎上平日买菜用的布口袋，在市场小贩们此起彼伏的吆喝里，在大爷大妈们讨价还价的热闹里，我与五颜六色的蔬菜瓜果融为一体。

汪曾祺先生曾经说过：“到了一个新的地方，有人爱逛百货公司，有人爱逛书店，我宁可去逛逛菜市。看着生鸡活鸭、新鲜水灵的瓜菜、彤红的辣椒，热热闹闹，挨挨挤挤，让人感到一种生之乐趣。”相对于超市，早市里的叫卖、挑挑选选，的确多了些温暖的人情味。

每个人无论是腰缠万贯还是落魄失意，只要来到早市，欲求就都会变得简单。顶尖带着嫩刺儿的黄瓜、沾着新鲜泥土的胡萝卜、刚出锅冒着热气的老豆腐、还在扑腾的鲜鱼活虾，都会让你忘却一切烦恼……只为回归到吃口好吃的饭菜的基本欲求中。

北京的节奏很快，但逛早市时你必须得慢。

我不喜欢在家吃早饭，却喜欢溜达到早市的熟食摊上买一根煮熟的糯玉米，或者是一块带着豆沙馅儿的油炸糕，一边慢悠悠地吃，一边不紧不慢地逛。遇到中意的青菜、辣椒、胡萝卜，再停下来慢慢挑选。摊主们基本不会管你，只会随手摘下一个塑料袋丢给你，即便你只买三朵香菇，也不会遭到白眼，买的东西多了，有时候还会收到他们赠送的一把香菜，或者是多给的一头大蒜。

一来二去，我和他们都成了熟人，每次去早市，老远就会听到他们热情的招呼："今天做什么饭呀？"那份热情和自然，瞬间拉近了人与人之间的距离，让我在自己最低落和彷徨时，拥有了一份温暖。其实，在北京，对很多人来说，在"家"吃饭，是一种奢望。

自从做饭以后，我和老皮还有喜华，在这个90平方米的房子里，找到了"家"的感觉。

老皮忙着自己的生意，喜华经常出去拍摄，我们很少在一起吃午饭，多数时间，晚餐才是我们一起享用的重头戏。

逛完早市，晚餐要用到的食材也就基本备齐了。吃过午饭之后，我就开始给他俩准备晚饭，老皮偏爱牛肉，喜华喜欢吃鸡，花三个钟头用砂锅文火炖一煲牛腩，或者煎一块腌制四五个小时的鸡胸肉，都会让他们心满意足，赞不绝口。

平日的晚餐，大多数情况下，我只是做一点家常菜，有时候是麻婆豆腐，有时候是扁豆烧茄子，有时候只是一道简单的番茄炒蛋，再焖上一锅香喷喷的白米饭。

遇到节日或者假期，大家都有了充裕的休息时间，我们也会做一些平日不常做的饭菜，比如饺子。

去早市买好食材，我们分工协作，一个人发面，一个人做饺子馅，等面团和饺子馅好了，接下来，就是一个人擀皮，两个人包。三个粗糙的大男人花大半天的时间，围在餐桌前，包出够一周吃的饺子，这时，我们的家里就有了浓浓的烟火气。

做饭之余，我有了很多的时间和自己独处。在那段时间，孤单反倒给了我一种力量，让我觉得当下所遭遇的困境，可能就是生活对我最好的安排。

人一生中的许多时刻，可以对周围发生的一切选择示弱，示弱只是我们选择坚持的另外一种表达方式而已。

以前的日子里，我很少尝试花很长时间做一些精美的菜肴，比如烤猪肘，而这次，我想尝试一下。我去早市买好新鲜猪前肘，拿回家立即用水清洗干净，再用厨房纸吸干水分，淋上40度的白朗姆酒，原本腥气的肘子，便有了甘蔗的香气；再给肘子涂满颗粒均匀的海盐，撒上生姜丝、黑胡椒碎、洋葱块和百里香叶，浇上一点橄榄油，锁住水分，再慢慢地按摩它，直到僵硬的生肉变得松弛，装进密封袋冷藏腌制十二个小时以后，便随时可以拿来烘烤了。

我有时候觉得，做饭也是一种修行，尤其是面对需要花很长时间来制作的菜肴时。从腌制到烘烤，每一步都需要有足够的耐心和细致。

一份腌好的肘子，上锅隔水蒸上两个半小时，从里到外都会熟透。这个时候还不能把肘子放进烤箱，要等它的表皮慢慢变凉，刷上一层橄榄油后，再放进预热320摄氏度的烤箱里，烤一个小时。

在这期间，我会削上两个土豆，蒸熟，趁热用小勺捣成泥，加上一些蛋黄酱和黑胡椒碎拌匀，在盘子里堆成一个蒙布朗一样的小山峰。随后，在肘子烤好前的十五分钟，往烤盘里丢进两个小小的、圆圆胖胖的番茄，再用橄榄油炒上一点加了百里香和黑胡椒的花椰菜，等到做完这一切，烤箱会发出一声清脆的“叮”声！

金黄焦脆的大肘子烤好了！

焦黄的肘子皮因为高温和油脂的作用，会鼓起一个个的小气泡，用小刀轻轻一戳，酥脆的表皮会发出“咔呲咔呲”的声音。表皮下的油脂早已经融进了瘦肉里，使得原本口感发柴的瘦肉变得肥美柔韧。切一块焦嫩的肘子，再搭配一点解腻的酸黄瓜，一口下去，浓香四溢的肉味包裹着酸黄瓜的清爽，酥脆的口感在我的嘴巴里瞬间绽放！

其实想完美地烤好一个肘子并不容易，我在失败了两次之后，才成功地完成了这道菜。那段时间里，它成为我朋友圈里出现最多的菜肴。身边的朋友们陆续被这道菜吸引，经常有人给我留言，说想吃我做的肘子。

在我的眼里，朋友之间最高规格的招待，不是请吃一餐星级料理，或者送一份贵重礼物，而是用心地做一餐美食，邀请对方赴一场温馨的家宴，哪怕只是一桌很家常的菜肴！

那段时间里，家里的餐桌成为我新的社交场所，每一位来家里吃饭的朋友，都成为我用心款待的对象。一盘烤肘子承载了我和朋友们相处的快乐时光。

来自天南地北的朋友，各有各的喜好和拿手菜，他们看到我在厨房里忙忙碌碌，也不禁跃跃欲试，于是每人做一道菜，这顿饭就变成了五湖四海的厨艺大比拼。

忙碌的北京生活，吃饭要么是为了应酬，要么是为了填饱肚子，我们不停地追逐着速度和效率，能放慢脚步回家吃饭，几乎是一件奢侈的事情。生活本就不易，我们总得在平淡的日子里寻找些快乐。当我们认真地对待一桌菜、一些人时，一蔬一饭便满含着温暖和情谊，让我们这些身在异乡的人，不是家人，却胜似家人。

我很感谢那段落魄失意的日子，感谢那段在家做饭的时光。

那一段用柴米油盐和锅碗瓢盆组合起来的岁月，让我在异乡的节奏慢了下来，将我拉回了生活本身。我在平凡的，带着烟火气的厨房里找到了快乐，找到了真实的自我。

或许，这一切才是生活最好的安排。

一位忘年交

和老谢第一次见面大概是在十五年前，那时候他是我的老板。

老谢其实并不老，我们认识的时候，他正如我现在这样的年纪。清瘦、干练，中长发，经常一件白衬衣配牛仔裤，一眼看去，更像是一位清高的中年画家。

入职他公司半个多月，我却从来没有见过他，只是从一些老员工的口中得知他做事严格，脾气暴躁，基本上全公司上下，都被他训过。作为一个职场新人，一想到同事们口中描述的这位“不好对付”的老板，工作时多少还是有点战战兢兢的。

因为是影视公司，我又在做最终端的后期工作，所以经常会加班。一个周三的晚上，我剪辑完了节目的所有素材，等着电脑渲染生成，百无聊赖中，就拿起剪辑机房的吉他弹了起来。

可能是弹得太投入了，也可能是因为公司只有我一个人，我完全没有发现一个清瘦的身影已经在门口看了我半天了。等到我反应过来，这位中年男士友好地冲我笑了笑，示意我继续，然后转身进了里面的总裁办公室。

我突然意识到，这个人就是我的老板！

在工作的时候玩乐器，还被老板看到，估计免不了要在周会上被点名批评，我内心惴惴不安，一时也没了弹琴的兴致。正当我沮丧着要放回吉他的时候，那个清瘦的身影又出现在了门口，衬衣的袖子已经挽了起来，手上握着一个印着阿童木的小铁盒。

“怎么不弹了呀？”他笑着问。

“您是谢总吧？我正在等电脑渲染片子，觉得没什么事，就弹了会儿。”我忐忑不安地解释。

“什么谢总不谢总的，叫我司机小谢！”他开玩笑地说，“渲染也不用人盯着，咱们俩玩会儿吉他吧。”

他一边说着，一边打开手里的小铁盒，各种规格的、花花绿绿的拨片装了半个盒子。

我不太好意思再弹下去，就把琴递给了他。

他没有客气，接过了吉他，选了一片1.00mm规格的蓝色拨片，从第一根琴弦开始，调起了音准，刚才还满是笑容的脸，瞬间变得严肃而认真，仿佛换了一个人。我在一旁默默地看着他校对好音准，热热手指，专注地弹了起来。

后来回想起来，我觉得自己没有在他面前弹奏真是一个明智的选择。从摇滚型的独奏到古典的独奏，从华丽的Blues到欢快的

Funk，他都手到擒来。我深深地被他的弹奏吸引住了，完全忘记了上下属的层级关系，眼里只有一个摇滚青年对音乐前辈的崇拜。而他也丝毫没有上级的架子，一边弹着琴，一边和我聊着天，从音乐喜好到国内的音乐发展趋势……直到电脑发出渲染结束的提示音，提醒我需要开始录制磁带才作罢。

“打扰你工作了，早点做完回家休息吧！”听到电脑的提示音，他收起手里的拨片，把小铁盒放进裤兜，跟我点点头，转身走进了自己的办公室。

之后的一段时间里，依旧很少见到他的身影。偶尔我上一整夜的晚班时遇到他，也只是匆匆路过我的机房，探头冲我一笑，再进到自己的办公室。直到第二天凌晨我离开时，发现他的灯还在亮着。

公司的氛围很轻松，但工作中谁都不敢有丝毫马虎。他对工作的要求近乎苛刻，以至于很多人都怕他，不敢和他有过多的接触。但我在工作中并没有听见过他对员工训斥，也并未感受到别人口中的他的暴躁。或许是第一次见面就奠定了我们今后的相处模式，一直以来，我都像是一个虚心求教的学生，一遍一遍地完成他觉得不满意、别人又不愿意做的工作。

那时候的节目制作是一个多工种、流程化的作业方式。有样片任务时，从前期的策划到最终的成片，每一个环节他都亲自参与，这让奋战在一线的员工们叫苦不迭：他们渴望尽快结束工作，却又不得不达到上级的苛刻要求；明明充满了对上级的抱怨，却又不可以发作。这让大多数人对工作丧失了乐趣，“老油条”们一旦忙完自己手头的工作，就立刻找机会开溜，在后期机房里，大多数时候，都只会剩下我和谢总熬到最后。

可能是因为受到他工作态度的影响，直到现在，工作中的我还保持着不怕试错的习惯。那时候即使是给影片加一条字幕，我都会在他的要求下尝试很多次，直到他选出一个满意的为止。

在熬夜工作的日子里，或许是因为疲惫，我偶尔也对这样看似徒劳的方式产生抵触的情绪，但最终都会在他有理有据的“辩解”中偃旗息鼓。大概良好的上下级关系，都应该是超越情绪的。经过几个月的相处，我和老板变成了节目制作中的最佳拍档。

人与人之间的能量是相互的，虽然没有刻意去了解对方，但是我却知道他喜欢机器人、阿童木、唱片和美术，就像他知道我偏爱美食和音乐一样。工作中我们依然是一次又一次地熬着夜，熬完夜的早晨，他也会开车载着我去吃他认为最好吃的豆浆、油条，再一路放着自己喜欢的音乐，送我回家。

这样的工作模式持续了两年，直到我离职。

分开后没有了工作关系，我们的接触变成了不定期的见面吃饭。他热衷于带着我去吃各种中西餐，还有各种冰激凌。由于身体的原因，他不吃肉食和甜食，于是这些只能由我独自享用。虽然吃不到一起，但是看着我吃得津津有味，他也是一脸满足。

有一段时间，他会约我去听国家大剧院上演的歌舞剧或者交响乐。听惯了摇滚乐的我，看着他在或恢宏或婉约的音乐声中点头陶醉，而自己却眼神迷离，昏昏欲睡。之后还有一段时间，他会找我去南锣鼓巷，在一家叫“胡同儿”的咖啡馆里晒晒太阳，聊聊天，看看我的手绘本，再鼓励我多画一些生活记录，等等。

再后来，我们便时常约在开在京城四处的花舍咖啡馆，因为这家店里有餐有茶，我可以吃饭，他可以喝茶，一坐就是大半天。

记忆里每次见面，聊天的内容大多都是关于我的近况。刚好长我一轮的他，面对我的困惑、抱怨与迷茫，总会给出一些理性的分析和建议。那个时候自己并没有注意到这些，只是觉得他是一个像良师益友一样的倾诉对象。多年后才惊觉，作为一个过来人，他给的建议既中肯又切实，只是在当时的年纪，我永远在忙于眼前的事，对于生活和事业，缺少长远的规划，每每提及，他都觉得时间宝贵，替我惋惜。

我不太确定他对我如此之好的原因，也许是因为投缘，也许是因为他把我当成了朋友，但我想应该是两者都有。

在之后的日子里，我有了自己的小公司，每天变得奔波而忙碌，我们便减少了联系。有一天，熬了一宿的我困倦不已，准备回家休息，刚上车就收到了谢总的信息，他说有一张图需要改动，方便的话希望我去帮忙，并且发来了他家的地址。我立刻掉头去往他家的方向。

那是我第一次去他家。从公司到他家的路上，我一直处于游离的状态，并且将这个状态持续到整个修改图片的过程。因为太困了，面对四十多张小图片组合成的大图，而且每一张小图的改动都要通过调整其他图片的位置和大小来实现，这一点一滴地消磨着我的耐心，强烈的睡意也不断地侵蚀着我的意志力。谢总端来一杯咖啡给我提神，喝的时候，我突然发现，杯子的外面用黑的马克笔写着我的名字。

“以后来家里，这个杯子就是你的专属了！”他跟我解释说，“好朋友来，都会有自己专属的杯子的！”

端着咖啡杯的我，感受到了特别的温暖，苦涩的美式咖啡也变得甘醇。

但是，再甘醇的咖啡也拯救不了强烈的困意，四个多小时以后，我丧失了自己平日里对完美的坚持。面对他一次又一次的试错和调整意见，我的大脑变得麻木而迟钝，对他不体谅我的困倦也有了情绪，手里的工作自然就慢了下来。

或许是感受到了我的懈怠和疲惫，最终，他点了点头：“就这样吧！”

我感受到他不太满意，只是碍于我的状态，不太好让我继续下去。收拾好东西后，我匆忙逃离，连杯子里的咖啡也没有喝完，像极了那些年熬夜时满嘴抱怨的“老油条”们。

这件事情之后，我们之间的关系变得很微妙，他不再轻易找我帮忙，也鲜有机会约我出去喝茶聊天，我也是偶尔到节日时，发信息问候他一下。

两年后的一天，之前的同事突然给我发来信息：谢总病危，已经在医院抢救了！我听到这个消息，犹如五雷轰顶，询问了他入住的医院后，便匆忙赶了过去，而随身带着的，是早就买好的、打算送给他的一个机器娃娃。

谢天谢地！我去的时候，他已经脱离了危险。对于我的到来，他并没有惊讶，一边开玩笑地埋怨我消失得太久，一边让身旁的陪护空出床头满是鲜花的桌子，摆上我带来的那个红色小机器人。

我像是一个抛弃家人的负心汉，一边悔恨长久以来对他的不关心，一边担心他的身体状况。

从那以后，我们又恢复了之前的往来。等他身体恢复后，我去他的公司帮忙才知道，短短两年，他早已不做影视，而是做起了老本行，给好几个一线艺人出了唱片，签了乐手。这次病倒，也是因为长期工作压力太大导致的。

那段帮忙的时间里，我们仿佛又回到了第一次共事的状态，只是这次我不再偷偷摸摸地趁着加班练习古他，因为要随时编曲和录制唱片。他的办公室里，吉他、贝斯一应俱全，我们的熬夜加班，变成了一起听歌、弹琴的快乐时光。

录制一首歌，小样要反复地听，在很多个夜晚，我们在灯火通明的建外SOHO里，调大音量，外放音乐，一遍又一遍地寻找灵感。身体虽疲惫不堪，情绪却高涨澎湃，那时候的我们，又变成了录音室里最好的拍档。

不工作的时候，我们依然会不定期约见在花舍咖啡，我依旧吃饭，他依旧喝茶，除了谈论工作，还开始分析我的感情问题。这样的状态一直持续到他因身体状况关掉公司，开始了另一种新的生活。

在我眼里，现在这种新生活或许才是最适合他的。没有了长期的熬夜应酬，不定期地在国内和国外住一段时间，去美国看看女儿，在国内录录唱片，生活简单而美好。而我，依旧继续自己的工作，开店、忙公司……

我们不再有机会经常见面，也不再经常发短信联系，但是，我会不定期收到他的惊喜和问候。这种惊喜和问候，有时候是带着女儿千里迢迢从北京到陕西探店，一起弹上半天吉他后再匆匆告别；有时候是从日本带回来食材原料，让我尝试做出不同的食物；有时候是从普莱西德湖寄来的一张明信片，简单地写着“我在这里，真希望你也在！”这样的字句……

我依旧不太确定他对我如此之好的理由，但是却一直坦然地接受着。

去年的一个下午，我收到他的信息，说自己换了房子，邀请我去他的新家。这是我第二次去他家。

在他郊外的别墅里，我又见到了一起熬夜时弹过的吉他和贝斯。一扭头，他手里端来一个杯子，上面我的名字清晰可见。我清楚地记得，这是十几年前的那个疲惫的早上，我只用过一次的杯子！不同的是，这次的杯子里，不是甘醇的咖啡，而是一杯普通的温水！

如今，我依然称呼老谢为“谢总”，我们继续保持着不太频繁的联系，也不定期在不同的花舍咖啡见上一面，然后久坐一个下午。那个曾经看起来像清高画家的中年人，虽然胡子已经花白，却依旧清瘦、倔强。

偶尔我会记起他，但我并没有刻意去打搅他，有时候我会翻出那时候一起听过的歌，有时候也会想起他写过的一段话：

我尽量冷静了解并接受，

自己将会跟每一个人一样。

每一个夸克被粒子流消去属性，

场的曲线渐渐趋平。

没有多少瞬和念可以排列空间中的物质本体来载负时间，

最终化作被世俗认知所定义的尘。

其实就是无数个失去组合磁性的夸克散落宇间，

等待新的核来上磁吸引与重塑，

在光的无意识长寿中的某一格，

再次轮回形成他或她或它。

也许这就是“纪念”在物质世界里的务虚意义的缘由！

飞往太空的玉子小姐

春节过后的一个晚上，我正在店里忙碌，手机上响起了一个来自湖北的陌生来电。以为是骚扰电话，我便毫不犹豫地挂掉了，没隔一会儿，手机铃声又响了起来，拿起一看，还是刚才那个号码，于是便接了起来。

“喂，是大伟哥吗？”电话那头是一个既熟悉又陌生的女人的声音。熟悉，是因为一听就能对应上人名；陌生，则是这个声音里似乎多了记忆中没有的岁月感。

“你是玉子？”不假思索，我脱口而出她的名字。

“是我啊！大伟哥，这么多年了，您居然没有换电话号码！”电话那头的玉子也颇为激动，嗓门儿也大了很多。

话音一落，我的思绪立即被拉回到十年以前……

那时候，朋友的公司因为股份变动，邀请我前去帮忙。玉子是他公司里新来不久的实习美工，大四还没毕业的她，刚从湖北来到北京不久。作为公司的管理层，平时我和她并没有太多交集。

公司的办公室是一个复式的公寓，一层的办公区被分割成了几大部分，分别是行政、宣传以及美编。因为要顾及美编组的创作，所以他们拥有一个分割开来的、相对独立的办公区域。每次去洗手间，我都会途经他们的办公区。或许是学艺术的孩子思维更加外放和活跃，相对行政和宣传部规整的办公区，美编组的办公区只能用杂乱无章来形容。只有三名成员的美编小组，工位上除了常见的水杯、咖啡、绿植，还能看见摆在桌上的各种公仔和手办，每台电脑前的小花瓶里还插着绿色的雏菊和金黄的太阳花。可能因为他们经常加班，所以每把椅子的靠背上都挂着护颈枕，茶几上的烟灰缸里永远堆满了烟头，烟灰缸下则压满各种制图小样，墙上的黑板上总会有各种色彩的记号笔绘制的图形和各色磁吸石压住的便签。

这里的办公环境杂乱无序，但却是一楼办公区最安静的角落。有几次去洗手间路过，我都会看到一个环抱着粉色护颈枕，趴在电脑前睡觉的身影，那就是玉子。

开始的时候，我认为，做设计类的工作，熬夜和才思枯竭是家常便饭，上班时间打个盹，调整一下自己是应该的，并且这个部门也不需要直接向我汇报工作，只要能按时完成手头的工作就行。至于他们的工作方式，我并不愿意指手画脚，直到有一次玉子直接向我报告美编的工作。

因为初到公司不久，行政部门还没来得及给我制作名片，而恰好当天下午有一个对外的会议，那样的场合交换名片是必不可少的。于是我一早就到了公司，把这个需求传达给了行政。路过美编组，玉子的工位空空如也，看样子应该是迟到了。

公司的名片制作有一套专属的设计模板，只需打开制作软件，替换掉姓名、职位、邮箱和手机号码即可。然而到了上午11点，我还没有看到制作好的名片。趁着下楼上洗手间，我提醒了一下行政的负责人，告诉她下午1点之前务必把名片送到我的办公室。路过美编组，玉子的电脑屏幕显示的，正是那一套公司的名片模板，但电脑前的她，依旧是环抱护颈枕，趴着睡觉的姿势。

午饭后，前台准时将一盒名片送到了我的办公室。打开一看，我哭笑不得，名片上的姓名、电话、邮箱、公司地址都没有问题，但是在职务这一行，原本应该是“执行董事”这几个字，赫然印着“执行懂事”！

显然，这个低级错误是玉子犯的，应该是交付打印之前没有检查最终文件。重新印刷应该是来不及了，离出门参加会议还有大概半个小时，我决定找玉子谈谈。

办公室里，玉子低着头一言不发，我觉得她在等着我发脾气，但我并没有这个打算。这是我第一次近距离与这个姑娘接触。那时已是冬天，因为还没有来暖气，我们都穿上了棉衣，可她还是一件羊毛衫配着单薄的灰色风衣。脚上一双低帮的白色匡威鞋已经有些发旧，裸露的脚踝处文着一只黑色的蜘蛛。她的手耷拉着，不停地用食指抠着自己的大拇指甲，发出轻微却有规律的“吵吵”声。不知道是因为冷还是别的原因，手背显得有点发青，瘦弱的身体摇摇晃晃，似乎马上就要站不住了。

空气里弥漫着沉默，有些尴尬。我清了清嗓子，决定打破这种尴尬。

“对不起，张总，都是我的错，我没有细心检查，以后不会再有这样的事情发生了。”没等我开口，玉子就开始向我道歉。原本低垂的脑袋抬了起来，一双疲惫的大眼睛里写满了愧疚和困倦。

看到这双眼睛，我突然有一丝不忍，原本想训斥她几句，却不知道说什么。

“你最近是不是工作太多了，看你每天都在办公室睡觉。”我问她。

“不不不，不是的。”她连忙摇头，“是我自己的原因。最近公司的事情没有那么饱和，我在忙着毕业设计，所以没休息好，今天是我没有检查清楚，给您添麻烦了，但是您能别开除我吗？”她一边解释，一边期盼地望着我。

“今天这个错误完全可以避免，你只要再仔细地检查一遍，我觉得或许是你的工作方法出了问题。”我没有直接回应她的请求，只是想让她明白，问题出在哪里。

“熬夜赶毕业设计，我能理解，白天没有特别紧要的工作，补觉也是情有可原。但是如果不是工作方法出问题，那大概就是态度问题了，真希望你不是因为这个原因！”我一向不太愿意指责别人，面对这个柔弱的女孩子，尤其怕伤到她的自尊，但又不得不站在工作的立场，就事论事。

“不不不，真的是怪我马虎，我很喜欢这份工作，以后一定会认真工作的！”玉子扑闪着大眼睛，无比诚恳。

“我相信你只是一时马虎，晚上少熬夜，快去忙吧。”我冲她笑了笑，觉得年轻人也都明白，决定点到为止。

玉子用力地点了点头，说了声谢谢，便转身去工作了。

因为一个短期项目的启动，宣传部门需要的设计物料越来越多，美编小组的工作强度也就随之增大。即便工作较以往辛苦，但是每次经过玉子的工位时，再也没有看到过她趴在桌上睡觉。

私下里，玉子应该算是一个不太合群的人。我从没看到过她和别的同事一起外出午餐，也没见过她像公司里其他的女孩子一样，不忙的时候会聚在一起聊天。她总是独来独往，给人一副不好相处的样子。

时间久了，玉子自然会被那些经常聚在一起聊天的女孩子们谈论，她倒也不在乎，依然我行我素。午餐她会在便利店打包一个盒饭，拎回自己的工位默默吃完，然后趁着午间休息，趴在桌上小睡一会儿，这样的行为，偶尔也会被公司的其他人挤兑和暗讽。

在别人看来，她有点儿高冷，甚至是孤傲，可是没有人想真正去了解她。玉子经常穿的风衣皮裤，以及每天中午固定不变的菌菇盖饭，都变成了公司其他女孩子们饭后的谈资。

玉子对这些毫不在意。我觉得这个看似高冷的女孩子，骨子里依旧有刚毕业的小女生的那份纯真和可爱。她工位上那些可爱的公仔毛绒玩偶以及粉色的护颈枕和她平日的沉默寡言形成强烈反差。

公司里有个司机叫阿毛，平日里一副大大咧咧、自来熟的样子。因为没有司机的专属工位，所以他总在别人离开的时候不打招呼就用别人的电脑上网，为此招来不少嫌弃。尤其是运营和宣传部门的女孩子们，从来不给他好脸色。阿毛从来不在意，被训斥之后，总是笑嘻嘻地关掉网页，再去寻找下一台暂时闲置的电脑。后来，每天午休时的玉子成了他的目标，这期间，他可以尽情使用玉子的电脑，也不会招来玉子的嫌弃。

项目忙碌的那段时间，我每天都会熬夜到很晚；玉子也要配合进度，需要反复修改设计稿，再通过我的确认；阿毛则要等我们结束工作，再送我回家，顺路捎上玉子。

渐渐地，我有了更多时间去了解玉子。有时候加班结束，我总是会带着他俩去吃一顿夜宵再各自回家。玉子每次都只点一份清淡的菌菇汤。几次之后，阿毛终于忍不住了，调侃说："你每次都喝菌菇汤，中午也吃菌菇饭，就不怕头上长出蘑菇吗？"

"我可是外太空来的，我们的星球都是吃蘑菇的，等我吃完你们这儿的菌类，我就回我们的星球了！"玉子瞪着一双大眼睛，煞有介事地和阿毛说。

"你说你平时那么高冷，在你的星球，一定是个公主级别的，怎么就沦落到我们星球上来熬夜受苦呢？”阿毛顺着她的话茬儿，继续开玩笑。

“我们星球上的女孩子都是公主。我是一不小心，穿越到你们这个荒凉冷漠的世界里来了，我迟早要回去的。”玉子严肃而认真地说，仿佛并不是在开玩笑。

“好了好了，别瞎说了，快喝你的汤吧。每天累得跟狗一样，哪有你这样的公主。”阿毛对这个玩笑没了兴趣，一边剥着盘子里几个鹌鹑蛋的皮，一边催促她尽快喝完，回家休息。

“你不相信我？”玉子的大眼睛忽闪着。

“信你就有鬼了！”阿毛剥好一颗鹌鹑蛋，沾了一点酱油，丢进嘴里，一副不屑一顾的表情。

“那我告诉你，我来北京前都没有吃过鹌鹑蛋你信吗？”玉子认真地跟阿毛说。但对方似乎只对面前的食物感兴趣。

“我信！”我停下手中的筷子，诚恳地跟她说。因为我认识的人里，就有从来不吃鹌鹑蛋的女孩子。

“你是因为吃鹌鹑蛋过敏吗？”我问她。

“不是！小时候是因为吃不起，后来是因为不会做。”她笑着跟我说，一副云淡风轻的样子。

正在专心吃鹌鹑蛋的阿毛，听见这话，看了看她，把手里刚剥好的一颗鹌鹑蛋放进了玉子的碗里：“给你吃吧！”

“谢谢阿毛！等我回星球的时候，也带上你去当司机，给我开飞船吧！”玉子顽皮的打趣逗得阿毛哈哈大笑。

后来的日子里，玉子依旧是每天加班熬夜。也许是因为还没有忙完毕业设计，她有时也会在上班的时间趴着睡觉，阿毛则乘机用她的电脑上网。

因为心疼这个孩子，再加上她每天都能准时完成所有的工作，从没有出现过纰漏，所以我也就不再严厉要求她了。

慢慢地，我知道了玉子家的一些情况。作为单亲家庭的独生女，玉子很小就和母亲生活，她说，妈妈是她人生的全部。因为妈妈身体不好，所以她早早出来工作，也是想多赚一点钱贴补家用。

我这才恍然大悟：为什么上次设计失误时，她那么担心被辞掉。

有一次吃夜宵，看着玉子碗里的菌菇汤和小碟子里的鹌鹑蛋，我突然想起来，可以把这两样结合，给她做一道菜。

“香菇和鹌鹑蛋蒸在一起，你想不想尝试一下？”我问她。

“是黑暗料理吗？”专心喝汤的玉子，抬起脑袋，瞪大眼睛看着我。

“不是啊，我是想等咱们这段时间忙完后，请你们去我家，做一点好吃的犒劳犒劳你们。”

“好啊！自从来北京，我还没有在别人家吃过饭呢！每天都是自己吃外卖，都快吃吐了。”玉子开心地回应我。

“那就下个周末吧，我觉得项目的事情也快收尾了，到时候我给你们做香菇酿鹌鹑蛋。”

“谢谢张总！”玉子显得很兴奋，片刻后又突然跟我说，“其实，我觉得还是叫您大伟哥更顺口，您觉得呢？”

“我觉得也是。”阿毛在一边附和。

“我没问题啊！”我开心地说，“只要你以后能像现在这样有一个好的状态，而且白天工作的时候不睡觉，你叫我小张都行。”

这当然是一句玩笑话，玉子自然也明白，但她并没有像之前那样，面对玩笑时一笑了之，仿佛有一点尴尬。

此后，一切风平浪静。项目快结束的头几天，工作不是很忙碌，我们依旧按点上班，到点午饭。午休的时间，空旷的办公区里，只有玉子趴在桌前睡觉，旁边是正在玩电脑的阿毛，其他人早就相约一起外出吃饭了。

有一天，我吃完午饭回来时发现，其他部门的员工早就在办公桌前忙起了工作，但玉子的工位上却空空如也，只有那个粉色的护颈枕孤单地挂在椅背上。

阿毛并没有在工了的电脑前上网，反常地坐在了会客区的沙发上，低着头一言不发。看到我回来，他走向前，面色凝重地跟我说：“张总，有件事情，我想跟您说一下。”我让他跟我上了二楼的办公室。

“玉子走了，估计以后不会回来了。”一进办公室，阿毛就开口跟我说。

“出什么事了吗？你慢慢跟我说。”我感觉到了事情的严重性。

原来，中午的时候，阿毛像往常一样，用玉子的电脑上网。旁边休息的玉子，似乎忘记了像以前那样退出自己的QQ号。阿毛在和网友聊天时，不小心打开了玉子的一个对话页面，看到了她的一些聊天内容。

“我真的不是故意想看的。”阿毛愧疚地说。

从玉子的对话内容里，阿毛知道了她近期并不是在做什么毕业设计，而是每天晚上都会去夜总会兼职，然后再一早赶来公司上班。

“我不清楚她做什么，但应该是不太体面的工作。”阿毛难过地低着头，无精打采地跟我说。

“她之前只是跟我说特别需要钱，说家里情况不太好，但是也没具体说什么事情。我真的不是有意想要看她的QQ的。”

“那她跟你说要去哪儿了吗？”我问阿毛。

“没有，她什么也没说就走了，我打电话她也不接，她把自己的东西都带走了。”阿毛显得既懊恼又焦急。我叮嘱他不要张扬此事，仅限于我们两人知道，便拿起电话，拨通了玉子的号码，无人接听。

我能感受到一个无依无靠的女孩子，在秘密被人发现之后的羞愧和惊慌。而她唯一能做的，只有不辞而别，就连最需要的工资都放弃了。

后来我再试图联系那个号码时，已经变成了关机状态。两天后的一个晚上，我收到了玉子的一条短信：“大伟哥，很抱歉没能跟您一起把项目做完，谢谢您一直以来对我的照顾和帮助，请原谅我的不辞而别！”

从那以后，我就再也没有收到过她的任何信息，手机号也变成了空号。再后来，玉子的工位上换成了一名新来的小男生。那个粉色的护颈枕，不知道什么时候已经被保洁阿姨清理走了，就像玉子一样，不知所踪。

这么多年过去了，时间冲淡了我对这件事情的记忆。如果不是玉子的电话，我大概不会再想起这段往事了。

“你还好吗？”电话这头，我有些许感慨，不知道怎么开场，只好先礼貌地问候她一下。

玉子告诉我，从公司离开后，她放弃了设计的工作，一门心思在夜总会里工作了。

玉子说自己在夜总会待了大概三个月，后来，换到了别的场子，中间也交过男朋友，不过后来又分手了。赚了一些钱后，她便回到湖北老家开了一家美容院，现在经营得还不错，已经有了好几家连锁店。

“你妈妈怎么样？”突然想起来和她相依为命的母亲，我忍不住问道。

“我妈？从公司走之后没多久她就过世了。”玉子淡淡地说道，“我现在还是一个人过，不过我有一个女儿，她跟我前夫过。”

我听到这里，怕她回忆起来又伤心，赶忙把话题扯到了以前的回忆。

“你还记得阿毛吗？还有咱们加班时经常一起吃的鹌鹑蛋，我记得那时候，你最喜欢菌菇了。”

电话那头，突然传来一阵沉默……

不一会儿，她又在电话那头爽快地说：“您就别提鹌鹑蛋了，咱现在有钱了，谁还吃那个啊。您什么时候来湖北？我做东，保证让您吃到不想回去！”

玉子在电话里告诉我，她现在别墅、司机、保姆样样俱全，生活富足安逸，平时也不用太操心美容院的事情，平日里除了打麻将和应酬，时常也会给自己放假去各个城市旅游。

“离开之后，我再也没有去过北京了！”玉子在电话那头平静地说。

我的心里五味杂陈，虽然是久别重逢，却丝毫开心不起来。电话里的玉子，不知道经历了怎样的纠葛和磨难，虽然现在听起来有了不错的生活，可是我能感受到她的不快乐。

“不管怎么样，人伟哥，我还是要谢谢您！”我感受到了电话那头，她发自内心的真诚，“我也很想念阿毛！”最后，她补充道。

挂掉电话后，我的内心久久不能平静，往日的一幕幕如无声的电影胶片一样，一帧一帧闪现在我的脑海里。即便我都记不清她的样子了，可当那个熟悉的声音响起，仿佛有一股莫名的力量，将我内心里尘封许久的回忆，调动了起来。

打烊后的街道冷冷清清，窗外刮起了北风，河边上泛起了粼粼波光。在路灯和清白的月光下，一切都显得寒气冷冽。我一边在店里收拾厨房，一边回忆着那些记忆里的时光，突然，一盆洗好的香菇映入我的眼帘，那是店里没有用完的材料。

一瞬间，我很想做一做那未曾实现的香菇酿鹌鹑蛋。

我顾不上夜已深，给炉灶上坐上一锅水，挑出几朵大小差不多的香菇，去掉蒂，翻面均匀摆在盘子里，然后把鹌鹑蛋一颗颗地磕进这些香菇伞褶里。上锅蒸了六分钟，小小的鹌鹑蛋就凝固在了香菇伞里，雪白的蛋清和金灿灿的蛋黄融合在一起，像一个个小太阳。蒸熟之后的香菇满含汁水，一朵一朵，乌黑油亮，更像是一个个小小的飞船。

我用生抽和香油调和了一点酱汁，均匀地洒在这些乘坐着飞船的“小太阳”上，再点缀上一点点香葱，完成了这道“香菇酿鹌鹑蛋”。

就是这么简单的一道菜，可能以后都没有机会做给玉子尝尝了……

此时，窗外风声更响了，也许是被大风吹走了云层，月光显得格外明亮，幽暗的夜空在月光的映衬下，让人觉得格外深邃和遥远。我想起那个冬天衣着单薄的小姑娘，那个曾经总是趴在工位上睡觉的小姑娘，那个忽闪着大眼睛说要回到外星的小姑娘，是不是乘坐着阿毛驾驶的飞船，飞回了自己的天空？

一位母亲的招待

九月中旬的一天傍晚，我在甘肃省张掖出差拍摄，突然收到一条微信，是来自一位三个孩子的母亲。微信发来的是一张照片，照片里的她倒在一堆被褥里，头下枕着一些旧衣服，身旁是一个装CT和彩超的病例袋，像是睡着了的样子。

我立刻知道了这应该是孩子发给我的，看样子，应该是又生病了。

“怎么了？妈妈又生病住院了吗？”我问。

然而消息发出去很久，没有得到任何回应，拨去的电话，也一直没有人接听。我想，许是孩子妈妈睡着了，三个小家伙调皮而已。

晚上8点，手机一震，是那位母亲的大女儿倩倩发来的信息：

“叔叔，今天佳佳（三女儿）放学后回到家，发现妈妈躺在地上，没有意识，然后就给一位好心的阿姨打电话。阿姨帮忙送到市里的医院来了，现在刚进病房，插上了管子，这会儿正在输液。”

我心里突然一颤，感觉这次她们的妈妈病得比较严重，急忙打电话过去。

“妈妈现在还是说不了话，医生让签病危通知书。”电话那头，是大女儿倩倩，这个不满十四岁的孩子，疲惫又无助。

如果是一般的女孩子，遇见这样的场面肯定会手足无措，但是对于她来说，从小到大，成长的过程中见多了妈妈的生病、住院和转危为安，所以语气里有着一份和年龄不相称的平静。

“那现在是什么情况？”我在电话这头焦急地问。

“医院说我们还没有成年，不能替妈妈签字。”电话那头的倩倩声音里透着些许无奈，“送妈妈来的柴阿姨已经回去了，现在我和两个妹妹在医院照顾妈妈。”

一听说医院里只有三个孩子，我特别担心，但身处千里之外又无可奈何。

“你们有没有给爸爸打电话？”我突然想到这点。

“嗯……”电话那头沉默了一下，“我们打过电话了，爸爸说最快明天才能回来。”

“叔叔你不要担心了，我们会好好照顾妈妈的，现在要办手续了。”倩倩安慰完我之后，在一片嘈杂声中挂掉了电话。

这样的情况怎么能不让人担心呢，三个未成年的小女孩，在人生地不熟的市医院，面对自己昏迷不醒的妈妈。没有办法，我只好拔通了她们说的那位柴阿姨的电话。

柴姐告诉我，因为自己的工厂有急事需要处理，所以她只能办完入院的急救手续后，就匆忙返回了。

“你别担心，现在医生正在紧急治疗，我已经叮嘱过三个孩子注意安全了。”电话那头的她正在风风火火地开车赶路，没等我问，就主动地告诉了我目前的状况。

“我也给孩子爸爸打过电话了，他明天就回来，病危通知书我们都不能签字，还有一个遗体捐献的。彭伟（孩子妈妈）昏迷了，意识不清，我也不知道她要说什么，真希望她能顺利地逃过这一劫！”

电话那头的她长叹了一口气，和我说完这些，便匆忙挂了电话。

我依旧无法平静，给孩子们发去一条微信，叮嘱她们有事情要第一时间打我和柴阿姨的电话。但我内心又有另一种担心，如果出了意外，这几个孩子将来怎么办?

第一次知道这三个孩子的妈妈，是在刘阿姨的舞蹈学校。刘阿姨是我妈妈的高中同学，开了快三十年的舞蹈学校了，而这三个孩子，已经在刘阿姨这里学了差不多快三年舞蹈了。

有一次提及给山里孩子做饭的事情，刘阿姨皱紧了眉头。“你应该见见我们舞蹈班的三个孩子。”她叹口气跟我说。

于是那天，我就认识了这三姐妹，老大倩倩，读初一；老二姗姗，读小学六年级；最小的妹妹佳佳，读小学四年级。三个孩子在舞蹈班里有些孤僻，不太能和其他孩子玩到一起，看起来也比其他同龄的孩子显得瘦弱。

“哎！这三个小家伙，真是应该好好感谢她们的妈妈。”刘阿姨每次提到这三个孩子，总免不了跟我感叹。

她告诉我，孩子家比较困难，一开始大女儿跳舞的费用还勉强能承担，后来随着两个妹妹的加入，孩子妈妈便无力维持了。

“我知道她独自带孩子困难，很多时候都是靠大家接济度日，哪有钱送孩子来上舞蹈课啊！”刘阿姨感慨地说，“后来我跟你叔叔商量，不收她们的学费了，孩子妈不肯，但是我知道她一时半会儿又凑不齐学费。”

“那后来呢？”我关切地问。

“为了三个姑娘能跳舞，她就给我们打欠条。我跟你叔叔不同意，把欠条撕了，她就重新给我们写，担心我们不接受，就留在自己那儿，说以后攒着都会还。”刘阿姨紧锁着眉头，依旧叹了口气，感慨地说，“真是个要强的女人啊！”

我对这样要强的母亲内心充满了敬意，也心疼这三个瘦弱的孩子。后来去她家给孩子们做过几次饭，一来二去，也就熟悉了。

三个孩子虽有父亲，但却和孩子妈离婚多年。他常年在外打工，很少回来，因为身体有疾病，即使回来，也无法和孩子们一起生活，所以三个小家伙多年来就一直随着妈妈艰苦度日。

孩子妈妈的老家在贵州的大山里，外出打工时，认识了孩子的爸爸，后来她义无反顾地跟着他回到陕西的大山里生活，再后来有了三个女儿，而孩子爸爸一直想要一个儿子，再后来，不知道为什么，他们之间就演变成了一场不幸的婚姻。

我不太清楚她到底经历了什么，只记得有一次提及，她红着眼睛告诉我，如果不这样做，她将失去这三个孩子。

我无法理解一个无依无靠的女人，是哪里来的力量驱使她带着三个女儿，毅然决然走出大山，在举目无亲的小县城里，靠着一双会绣花的手，一针一线地支撑着女儿们读书、跳舞和生活。

不过这一次，孩子爸爸能答应回来照顾，无论是出于担心孩子还是念及夫妻旧情，都是一件雪中送炭的事情。因为工作的原因，我最早只能在第三天返回陕西，所以只好在微信里跟孩子们保持联系。

第二天，好消息传来，她们的妈妈醒过来了。医生说基本脱离了危险，我长长地松了一口气。

第三天，恰好老闫从北京前往老家看我，一前一后，我们在天黑时分陆续抵达汉中高铁站。在停车场取了我出差前停在那儿的车后，便马不停蹄地赶往医院。

二女儿姗姗已经提前在医院的楼下等着了，看到我，开心地笑了，随即又是一副难过的表情。老闫在医院门口买了些水果和点心，我在门口的取款机上提取了卡里为数不多的现金，便匆匆地上了楼。

因为已经脱离了危险，孩子妈妈已经从急救病房转出来了，但是床位紧张，她的病床被放置在护士站对面的过道上。拥挤的过道摆满了病床，孩子妈妈紧闭着眼睛虚弱地半躺在病床上，身上插着各种管子，床边的监护设备有规律地闪烁着。窄窄的病床上，大女儿倩倩蜷缩在妈妈的脚下，已经睡着了。可能是担心碰到妈妈身上的管子，她尽可能地弓起背，瘦弱的身体团了起来，像一只小虾。

一位矮小的中年男人站在床边，那应该就是孩子爸爸。看到我们到来，他客气地跟我们点了点头，想招呼我们坐下，却发现四周根本没有可坐的地方，于是有点手足无措，尴尬地搓了搓手。

“妈妈，叔叔来看你了。”姗姗趴在妈妈的耳边，轻轻地说。

孩子妈妈艰难地睁开眼睛，看到我们，双手努力撑了撑，挣扎着想坐起来。

“快别动，快别动，你好好躺着。”我赶紧制止。

苍白的手上根本没有力气。她尝试着抓了抓床沿，却连胳膊也没能抬起来，只好作罢，有气无力地跟我们打招呼：“叔叔来了，吃饭没？”

“吃了吃了，你快好好躺着吧佳佳妈。”我跟老闫担心她再尝试坐起来，连忙异口同声地说。

这时候，床角的倩倩也醒了，看到我们，冲我俩打招呼：“叔叔好！”

我环顾了一下四周，却没有看到佳佳的影子。

“三妹呢？”我问倩倩。

她揉了揉眼睛，指向过道尽头的方向。顺着她的手指，走廊尽头的电梯间，墙角那里蹲着一个瘦弱而又熟悉的身影，是佳佳。

孩子爸爸跟我说，这三天因为病床紧张，晚上没有地方可以休息，他只好买了一张窄窄的草席，晚上铺在电梯间，供三姐妹休息。白天怕影响人进出，就收起来，三个小家伙轮换着蜷缩在妈妈的脚底下睡一会儿。

我听完后，心里很不是滋味。初秋的晚上，气温还是有点儿凉，睡在草席上总归不是办法。另外她们已经耽误了三天的课程，再这样下去，估计学习都要受到影响。现在孩子妈已经脱离了危险，并且有孩子爸爸的照顾，完全没有必要留下三个孩子在这里受罪。

想了想，觉得还是应该带她们回去，趁着周末给她们补补功课，下周开始正常上下学，平时的饭可以到我店里来吃。

我把想法告诉了孩子爸爸。因为不太熟悉，他可能对我不太放心，又不好意思立即拒绝，只好把询问的目光投向病床上的孩子妈妈。三个小家伙也默不作声，眼巴巴地望着母亲。

“要给叔叔添麻烦了。”她没有拒绝，有气无力地跟我道谢。

我怕待的时间太长打搅她休息，我和老闫留下钱和水果，便带上这三个孩子驶上了返回小城的高速。

“妈妈这次病得怎么这么严重？”高速路上，我问孩子们。

“妈妈可能是累的。”佳佳说。

“就是累的！”姗姗补充道，“她一个人把旧房子的东西全搬到新房子里了，所以才会犯病的。”

我恍然大悟。一周之前，三个孩子妈妈跟我说过她们要搬家的事情。

因为长期绣十字绣，孩子妈妈患有严重的颈椎病，加上甲状腺问题、心脏病和眼病，她经常需要在社区医院住院治疗。

刚好在住院治疗期间，她们租住了近十年的房子面临着拆建，在医院治疗的她一筹莫展，只好委托我和那位柴姐帮忙找房子。

我们很顺利地帮她找到了一幢又便宜又宽敞的两居室，离大女儿的中学很近，离我的咖啡馆也只隔着一条河。这让她格外开心。

治疗很顺利，没几天孩子妈妈的身体就有了好转。

我常带着孩子们去书店写作业。有两位热心肠的姑娘，也会经常帮助这几个孩子买鞋或文具什么的。听说孩子妈妈住院，她们便请求我带着她们去医院探望，一同带去的，还有她们买的柴鸡、牛奶和水果，想让佳佳妈补一补。

但医院不能帮忙炖鸡汤，她们只好说把鸡汤炖好了再拿回来。

“等我把新家整理好了，你们都来，到我家里，我给你们做饭！”佳佳妈开心地邀请我们。

“行啊！那太好了！你整理新家的时候一定要告诉我们一声，我们来帮忙。”两个姑娘热情地说。

“不用不用，你们上班已经够辛苦了。我还有辆自行车，我修一修，自己就能搬剩下的。”她连连拒绝，是怕给我们添麻烦。

“自行车怎么运东西啊？等我出差回来，找个车一起拉过去吧。”我建议。

虽然这个简陋的家里并没有什么像样的家具，唯一要搬走的就是别人送的两张大床。但即使是拆掉这两张旧床搬下楼，都不是件容易的事情，更何况她的身体情况，是没办法做一些重体力劳动的。

“没关系，你们别担心，等你出差回来，你们一起来新家，我也想招待一下之前帮助我的那些好心人。到那时我一个人估计忙不过来，还需要你们帮忙做饭。”她满是歉意地跟我们说。

“没问题，等我忙完回来，咱们一起帮你搬家，你选个时间就行。”我和两位热心的姑娘愉快地答应了她的请求，事情就这么说定了。

“妈妈一个人用自行车，花了好几天时间把大部分东西都搬到新房子去了，我们平时要上课，没办法帮她。”后座上，大女儿倩倩自责地说。

“她想早点搬到新家，给你们一个惊喜。”老闫说道。

我默默开着车，听着这些，心里极不是滋味。

经过这三天的担惊受怕和疲惫，看到妈妈好转，孩子们终于能松口气了。没几分钟，三个小家伙就倒在后座上沉沉睡去了。

窗外的街灯随着车子的飞驰，一个接一个地往后退，暗黄的灯光不时透过车窗覆盖在三个孩子的身上，仿佛是这个世界给予孩子的一种无声抚摸。我和老闫一路上默不作声，像极了孩子们沉默的父亲。最后，我们把她们送回了那个妈妈还没整理好、一次都没有住过的新家。

老闫在周末过完之后，给孩子们留下了一点生活费便匆匆返回了北京。接下来的大半个月，我就开始了一个代理父亲的生活。

学校给三个孩子提供了免费的早午餐，所以她们每天只来店里吃晚饭。因为要错过用餐高峰，店里的员工差不多都会在下午5点左右吃完。每次饭前，后厨大姐们都会细心地把饭菜给孩子们留出来，保温放好。

孩子们都是下午5点40分左右放学。老大倩倩因为学校比较近，大部分时间都会第一个回来。她从不急于吃饭，第一时间都会趴在店里的餐桌上专心写作业，等着两个妹妹回来，再一起吃。

每天看着孩子们狼吞虎咽地吃晚饭，是我最安心的时光。孩子们吃下去的每一口饭，都带着我深深的寄托，希望它们能转化成强大的力量，让三个瘦小的身躯变得强壮。

饭后，孩子们通常会休息一会儿，然后再继续写作业，这时候我会拨通孩子妈妈的电话，让她们三个轮番和妈妈说说话。随着妈妈身体一天天地好转，电话这头的语气也开始一天比一天轻松起来，偶尔也能听见她们跟妈妈撒娇。

打完电话，孩子们会继续写作业，我依旧坐在旁边陪着。孩子们有不会做的习题，都来问我，但对于早就忘记了小学数学的我来说，很多问题我也显得力不从心，除了上网搜寻答案，有些还要跟着她们再学习一遍。等作业都写完了，我还要再挨个签字，以便第二天老师检查。

有一次，孩子们的作业还没写完，就停电了，店里也没有备用的蜡烛。后来我灵机一动，把拍摄用的补光灯拿了过来，三个小家伙围在灯前一边夸我聪明，一边开心地写起了作业。看着灯光下三张明媚的笑脸，我陷入了沉思，不知道将来自己有了孩子以后，会不会有这样的耐心去辅导他功课……

时间过得很快，孩子们依旧是傍晚放学以后回来吃晚饭、写作业，然后跟妈妈打打电话、看看书。其间也有不少学校的老师，以及好心的学生家长前来看望孩子，每次我都像接待老师家访的父亲一样，紧张而局促，也会经常向老师询问孩子们在学校里的表现。

半个月后的一天，正和妈妈通电话的倩倩高兴地跟我说："叔叔，妈妈明天就可以出院，回来治疗了！"

"妈妈说你最近太辛苦了，从明天起我们就不来吃晚饭了，爸爸会在家照顾我们几天。"

挂完电话，倩倩高兴之余，似乎还有一丝不容易察觉的失落。

第二天，孩子们就不再来店里了。放学时分，我在店门口站了一会儿，内心有一点空荡荡的感觉，短短的半个月，我已经习惯了每天这个时候，远远地看着几个背着书包的瘦小身影开心地冲我跑来。

日子回到了正常的状态，我依旧每天一成不变地开店、打烊，微信里也会隔三岔五地联系下孩子妈妈，询问她恢复的情况。

"我恢复得很好，张导！太谢谢你了！"每次收到的都是她的感谢。

一晃就到了十月末。一天中午，阳光很好，虽然早晚都有了丝丝的寒意，但是中午的阳光却晒得人暖暖的，很舒服。

我在菜市场里寻找新鲜的叶生菜，计划着趁客人少的中午研究点新的菜品，这时手机铃响了，是店里的号码。

“你快回来一趟，有人找你。”店员在那头跟我说。

顾不上继续采购，我带着一捆叶菜，急忙赶回了店里。

原来是孩子妈妈。她气色看起来好多了，穿着一件红色的中式长裙，站在窗边的几盆绿植前，正和我妈聊着什么。因为已经到了秋天，窗边几盆琴叶榕显出了疲态，宽大的叶子已经有了黑边，孩子妈妈正帮忙用剪子一点点地把那些枯萎的部分剪掉。

看到我回来，她停下了手里的动作：“我有件事情想请你帮忙。”

我猜想是不是孩子们又出现什么问题了，连忙放下手里的东西。

“这些年多亏了你和一些好心人的帮助，我才能重新站在这里。”她说得很真诚。聊天之余，我的目光落在她身上的裙子上，那是一件崭新的裙子。这让我很好奇，据我所知，十几年来，她都没有买过新衣服，全是别人送的，今天这件，会不会是孩子爸爸给买的呢？

“孩子爸爸在我回来后，照顾了几天就走了。这是我自己买的裙子。十几年了，我第一次给自己买新衣服。”可能是看出了我的困惑，她不好意思地笑了笑，“我觉得从这次开始，我要好好生活，也要更爱自己，不能让大家失望！”

说罢，她从兜里掏出一卷人民币，塞进我的手里。

“我想请那些帮助过我的人来吃个饭，想让你帮我安排安排，不知道钱够不够？”

我看着那一卷百元纸币和她诚恳的眼神，心里着实不愿意收。

还没等我拒绝，她语气坚决地说：“你要是不收下，我就只好请大家去别的饭店了？还是希望你用这些钱帮我安排一下，毕竟我对外面的饭店也不熟悉。”

当着周围人的面，我不好拒绝她的坚持。那么要强的她虽然一直接受着大家的帮助，但是此刻，她想的仅仅是尽自己的可能，给平日里帮助过她的朋友一些回报。这份感激里没有施与受，只有一位感恩母亲的尊严和坚决。

虽然我能猜想到这些钱对她们是多么重要，但是在众人面前，又不想让她觉得为难，于是默默地收起了那卷纸币，点点头告诉她："放心吧！"

她安心地笑了，继续和我妈一起修剪面前的绿植。

这场感谢宴最终安排在了周六中午。从周五开始，我便计划起第二天要安排的菜品。因为平日里一直在经营，所以店里的材料储备很丰富，我并没有刻意安排特别的食物，只想把店里最好的菜品呈现给即将出席的那些善良的人们。

第二天上午，采购完当天要用的新鲜食材，我便马不停蹄地赶回店里准备。

新鲜的蔬菜用来制作沙拉，需要提前清洗干净，控干水分放进冰鲜柜里；烤肘子是我的拿手菜，肘子早就煮熟，就等着提前一个小时烤制；牛肋骨也已经上锅，再炖上两个半小时，中午12点开饭的话，火候应该会恰到好处。中午计划烤两种口味的比萨，我需要尽快把面发好。其他的如炸鸡之类的食物，等客人到齐再下锅也来得及。

安排好这一切，我给自己冲上一杯咖啡，等着大家的到来。

不多会儿，孩子妈妈和三个小家伙就出现在了门口。

可能是好些时日没见了，她们害羞地跟我打完招呼，便跑去一边找书看了。孩子妈妈还是穿着那件新买的红裙，头发梳了起来，扎成一个高高的马尾，这让她看起来精神了许多，仿佛年轻了几岁。

“我准备得差不多了，就等他们来了。”看见她，我立刻告诉她此事的进展。

“辛苦你了，还要一大早起来安排。”

她手里拿着几张写满字的稿子，有点不好意思地跟我说：“我昨晚写了一点东西，但是我的普通话不好，又担心今天会控制不住情绪，张导，我想请你一会儿帮我念出来好吗？”

“没问题！”我想，大概就是一些感谢的话吧，于是便爽快地答应下来。来不及细看，我把那几张稿子折好装进裤兜里，便进了厨房忙碌起来。

中午时分，宾客们陆续到来。

人群里有平时资助她们的一些单位领导和学生家长，也有三个孩子的老师，刘阿姨和叔叔以及书店的热心姑娘也在受邀之列，一同来的，还有制衣厂的那位柴大姐。

我把店里两张最大的桌子拼在了一起，形成一个特别长的长条桌。客人们分坐在桌子两侧，孩子妈妈前前后后地忙碌着，接待着到来的客人，孩子们懂事地帮我端起了盘子。

菜一道道上来了，但是宾客们却迟迟没有动筷子，可能是想等着主人一起吃。我上完最后一道菜，示意她跟大家说点儿什么。

"谢谢大家，最近因为我的事，给大家添了不少麻烦。"她的声音有一些颤抖，能感受到她内心的激动。

众人瞬间变得很安静，等着她继续说下去。

"我不太会说话，还是谢谢大家了！"她冲着大家深深鞠了一躬，用颤抖的声音接着说，"要是没有大家帮忙，我怕是……"没等说完，已经哽咽。身旁的几位女性家长也眼泛泪光。

停顿了片刻，擦了擦泪水，她继续说："今天邀请大家来，一是为了表示感谢，二是这次发生的事情对我的触动特别大，我写了封信，想请张导帮我读一下。"说罢，满含泪光的眼睛望向我。

我来不及多想，赶紧掏出之前放进裤兜里的稿子，双手举着，一字一句地念了起来："真心托付……"

直到念出这四个字，我才意识到这并不是一封简单的感谢信，四个字里面包含着沉甸甸的内容。我忍不住清了清嗓子，深呼一口气，一字一句，继续认真地念起下面的内容：

尊敬的政府领导、老师、朋友们：

大家好！

我是你们一直以来关心和牵挂的山里娃：彭伟。今天能和大家聚在一起，我万分荣幸和感激。我是一个很不会照顾自己的人，时不时地给大家增加不必要的麻烦和负担。前些日子又让你们陷入深深的担心和恐慌之中，致使大家为我奔波劳累，给大家造成了额外的负担和压力。我就像你们襁褓中的婴儿，你们用爱的光使我从冰冷的暗夜里得以重生。我的三个女儿在你们的照顾和呵护下快乐成长。在此，我深深地向你们道一声：谢谢！辛苦你们了！

念到这里，我抬头看了看桌子那头的孩子妈妈，只见她紧紧地握着双手，又给大家深深地鞠了一躬。

当我从昏迷中醒来时，第一时间强烈地感受到你们对我的重要性。是上帝看在你们为我努力的份上，把我放了回来。我真心希望能健康地活着，但是我不敢保证身体会随我所愿。我没有预知突发事件的能力，几次被医院下了病危通知书，确实是我心里的一个结。

念到这里，我想起这次她病危时，孩子们给我打电话时的那种无助，想起柴大姐说的身在现场，却无法签字的遗憾。目光所及，桌旁的柴大姐眉头紧皱，神色凝重。我继续往下念：

所以，今天我有一个不情之请，希望大家在不违背情理的情况下，见证一件事。

念到这里，我停顿了一下，确保所有人都能仔细地听清接下来的内容。

我的三个女儿都尚未成年，我有些担心，万一哪一天我发病了该怎么办？孩子们该怎么办？

两个疑问击打在每一个人的心上。我猜想，经历过这次危机，包括我在内，应该每个人都想到过这个严峻的问题。曾经有好几次，我都在想，如果孩子妈妈真的出现什么不测，孩子爸爸也不打算担负责任的话，我可能会尽可能地想办法让她们继续读书。

周末原本热闹的咖啡馆一时变得特别安静，大家都专注地听着。

你们在座的每一位都是我最信赖的人，如果哪一天我有个三长两短，请帮我替三个孩子向社会求助，帮她们成长，长大之后回报社会。

我内心被这些文字背后的无奈和无力感拉扯着，隐隐作痛，不知道在写的时候，她是怎样的心情？

作为一个母亲，这样的请求，是多么的无助。在她眼里，在座的这些善良的人们，平时已经给予自己太多的帮助了，如果真的出了状况，无论请求哪一位，都是一件极难开口的事情。

她从未主动祈求过帮助，可是面对未来的不确定性，想想三个无依无靠的孩子，却又不得不祈求所有人。

我没有办法控制自己的情绪，如鲠在喉，不得不停下来。窗外有鸟儿飞过，十几个人的屋子里，空气仿佛凝固了一般，静悄悄地，没有一点儿声音。

我缓了缓，继续开口往下念。

我承诺，以身作则，把生的希望让给他人，绝不占用国家一分土地。我的决定由来已久，希望家人理解成全。我今生所欠的人情账注定无法偿还，我唯一能做的就是余生对自己好一点，把三个孩子抚养成人，给社会一个交代，给大家一点宽慰。希望大家成全见证！

一时间，我想起之前在电话里，柴大姐说的遗体捐献的事情。

很早之前，有一次去孩子家里，病中的孩子妈妈给我看过一张遗体捐献的登记卡，那是她早就做好的计划。

“我觉得这么多年来，受到大家的帮助太多了，也只能用这种方式来回报了。”她无可奈何地叹气。和遗体捐献卡放在一起的，还有几张无偿献血证。

“你这样的身体状况，以后就不要再去献血了。”我看着红红的卡片，心里有些担忧。

“没有关系，身体不好，我现在已经不献血了。”她遗憾地说，“现在比较担心的是娃娃们还小，真的有那么一天，没有人替我及时签字，器官就没用了。”

这时候的她，语气平和、安静，而一旁的我，却听得五味杂陈，心里久久无法平静。

此情此景，我已经控制不了自己内心的酸楚，眼角也开始湿润。

如果我再有突发状况，再有无力回天之时，我授权在座的各位，如有知晓，都有权替我签字，无偿捐献整个身体，让我为科学研究做点贡献。不许迟疑，他人也无权干涉。

快速地读完这段文字，我吸了吸鼻子，郑重地念道：

委托人，彭伟，2018年10月26日。

依旧是如同凝固了的空气，依旧没有人说话，气氛凝重而压抑。有人端起水杯大口地喝水，试图缓解这样的不适。我猜想，每个人都有自己的想法，面对这样的请求，不是所有人都能坦然接受的。

孩子妈妈也清楚这一点，之所以有这样的托付，在众人面前见证，除了真的担心在不测出现以后无法顺利实现遗体捐献之外，她更担心的，应该是怕好心人的帮忙，会被早已不再来往的亲属追责。而给在座的每一位授权，或许是她能想到的最好的办法吧。

对面的她，柔弱倔强，仿佛一无所有，又仿佛汇聚了天下所有母亲的柔软和刚强。

辑四

开错位置的咖啡馆

一次甜蜜的充电

我去给孩子们做饭的时候，一个叫李欣冉的小朋友提出想吃戚风蛋糕。

作为一个业余厨师，蛋糕和甜点类食品我并不在行。不出所料，这次做甜点的过程一波三折，相当不顺利。因为对蛋糕制作工序不熟练，我尝试了四次，才把那个粉色的戚风蛋糕成功做出来。虽然欣冉小朋友看到蛋糕很开心，但完美主义的我，内心深处还是有些遗憾和失落。

2017年12月，长期奔波的我终于能回到北京休息一段时间。有一天，我突然收到了好友张佳婧的一条信息：我们邀请Ferrandi Paris的老师来北京开一期法式甜点课程，希望你能来。这样，你以后给小朋友做蛋糕时就不会紧张了。

就是她最后的这句话，瞬间点燃了我对甜点制作的热情。佳婧作为一名甜点师，很了解我的烘焙水平；而作为我的好朋友，她更明白我上次的失落。

接受了佳婧的邀请后，我收到了这次法式甜点课程的学习计划表。

尽管这只是一次基础的甜点培训，但也涉及了四大门类：马卡龙、法式泡芙、酥皮面包以及歌剧院蛋糕。

每个门类的学习时间差不多都是两天，还有一天总结性的汇报课，因此这次的甜点课程一共是九天，而且我们需要朝九晚五，每天学习八小时。

拿到学习计划之后，我有点儿为难。因为女友的工作需要，我们一直住在北京西六环外的门头沟，而这次学习的地点在北京东三环的国贸，这意味着我每天必须穿越大半个北京城去上课，光是往返路程就要花掉三个多小时。对于太久没上班的我来说，突然要早上6点多起床去上课，身体的生物钟被骤然调整，这让我非常痛苦。

上课第一天，尽管我一直告诉自己这对我来说是一件极其重要的事情，闹钟响了之后我也提醒自己最多只能再躺五分钟，但意念和理性，在混沌的身体机能影响下仿佛起不了作用，等到我猛然惊醒，发现距离预定的起床时间已经过去了二十分钟。我匆忙穿衣洗漱，一路小跑到停车场开车上路。北京早高峰的路况一直都是严重拥堵，一路狼狈的我，紧赶慢赶却还是迟到了。

我到了教室和大家致歉后，就连忙换好衣服准备上课。作为助教的张佳婧示意我赶紧坐下，我急忙走向第一排仅有的一个空位。

这次的甜点课，一共有九名学生，两人一组共用一个操作台。我的同桌在我右边，是一个身高一米九的高个儿女孩，站在她身边，不到一米七的我显得尤为矮小。

这时，我环顾四周，才发现自己左边和身后的两名男生也都是一米九几的身高。在这几名同学的包围下，我忍不住压低声音悄悄对同桌说："白雪公主的兄弟和一个小矮人！"

"扑哧——"她没忍住笑出了声，我和同桌袁旭之间的陌生感消散了。

给我们讲课的老师是Serge Martin，一名和我差不多高的法国人。

出于对法国美食的自信，Martin在教授课程时，总是会轻轻地扬起下颌，微眯着的蓝眼睛里透露出一种淡淡的骄傲。作为一名从业二十多年的甜点师，Martin第一堂课开始并没有教给我们任何实操的技能，而是一再强调对步骤和顺序的要求，并且要求我们时刻保持操作台面的整洁。

透过大家的神情，我感觉大多数人对这种做法是不太认可的。我们就像一个个着急学习绝世武功的毛头小子，对一直让自己练习蹲马步的师父肯定是很不耐烦的。就连我自己，也都迫切希望能够早点掌握做美味甜点的技能。但我想，老师既然这样教自有他的道理，所以尽管我心里有些着急，也还是照着他的要求认真地操作。

事实证明，Martin的要求是对的。第一堂马卡龙课，在繁复的操作步骤、严格的温度控制、规范的制作手法等多重要求下，我们都显得手忙脚乱。

马卡龙是一款源自意大利的甜点，却在法国被发扬光大。Martin并没有教授给我们法式的制作方法，而是教我们用意大利传统的蛋白霜制作方法。

称好克数的杏仁粉，需要手动过筛三次，每一次过筛都是一场臂力和腕力的考验。粗细不一的杏仁粉包含着丰富的油脂，在细密的筛网上附着。因为简单的晃动并不能使粉末轻易穿过网眼，而是需要一只手不停地摇动，另一只手随着节奏在筛网里同步搅拌。

由于男女体力上的悬殊，刚刚筛过一遍，那些女同学就显得很吃力了，手上的速度也都慢了下来。等到三次过筛完成，她们的表情已经相当痛苦。

如果说过筛只是一次体力和耐力的测试，那么接下来的蛋白霜制作，却考验着每个人的操作手法和对时机的把控。

我们把厚底锅里的砂糖和水混合后，还要耐心地把糖水在电陶炉上煮到110℃，接着就要开始在厨师机上打发提前称好的蛋白。等糖水加热到121℃，我们才可以一点点地把糖水倒进蛋白里，一同打发。

这期间，需要用温度计随时测量糖水的温度。我因为迟到，没来得及领温度计，Martin示意我和袁旭可以用手来测量温度。糖水在通红的陶炉上上下翻滚，我们看了都有些发怵。

察觉到我们的犹豫，Martin将三只手指浸入一盆凉水里蘸湿，再快速地伸进沸腾的锅里捏出一小撮糖水液，旋即插入凉水盆里。

看到这一幕，我和袁旭目瞪口呆。

“看见了吗？这样的状态就说明糖水熬得差不多了。”他从盆里取出粘在手指上的一条晶莹透明的胶状物，对着还没有缓过神来的我们说，“这可是法国的大厨们总结下来的经验，你们也来尝试一下吧！”

听到这话，袁旭不禁花容失色，挥着双手连连拒绝。我在一旁没有说话，却也对Martin的提议表示出抗拒。

见我们这样“没出息”，也可能是为了给我们俩壮胆，Martin重新提议：“所有的同学一起尝试，请大家务必要尽快地完成！”一时间，教室里哀嚎一片，我甚至能感觉到周围有人向我这个“罪魁祸首”投来幽怨的眼神。

虽然大家都有些抗拒，但在Martin老师的鼓励和要求下，大家也不得不放弃了传统的温度计。

面对滚烫的锅子，有人跃跃欲试，有人则迟疑不动，偶尔有人壮着胆子伸手下锅，教室里立刻充斥着一片尖叫声。教室里的气氛变得轻松起来，大家开始互相打趣，有人还掏出手机拍照。

Martin叮嘱完操作要领后，便站在一旁默默地看着。有几名女同学或许是无法战胜内心的恐慌，一直迟迟不敢下手。没过一会儿，锅里的糖水开始变得金黄，教室里慢慢泛起了一股焦糖味。

这几个同学终于狠下心把手伸进了锅里。然而，她们抓出来的并不像Martin前面抓出的Q弹的胶状物，而是特别坚硬的物质。

很快，锅里的糖水液变得焦黄浓稠，几名同学端起锅子准备倒进飞速旋转的厨师机里，进行下一步的操作。

“请停下！”Martin的神色变得严肃，“我对大家的学习态度感到失望！”

他摊了摊手继续说：“作为一名甜点师，在料理的时候，我们会认真对待每一道工序，并且敬畏我们的工作。我觉得学习的时候，也应该是这样，如果不能专注和严谨，这样的学习过程一定也是失败的！或许大家对法式甜点真的热爱，但是接下来的日子里，请大家在热爱里再加上认真的态度，只有这样，我们才能做出真正美味的甜点。”

他讲完这番话，教室里变得安静起来，大家面对锅里煮焦了的糖水，面面相觑，不知道下一步该怎么办。

Martin似乎看穿了我们的心思，继续开口说道：“烟掉的糖水不用倒掉，我有办法让它们发挥新的作用。我们可以用它来制作焦糖酱！”

Martin的这番话使得教室里的那份尴尬和紧张缓和下来。在他的示范下，大家重新打开电陶炉，在糖水烧到焦黄时，倒入准备好的淡奶油。

冰凉的奶油倒进滚烫的焦糖里发出“刺刺——刺刺——”的响声，锅子上快速地升腾起一团白色的热气。

由于之前的失误，面对这样的景象，大家都没有像之前那样欢呼雀跃，而是认真地搅拌着锅里的焦糖。

或许是奶油的作用，使原本充斥在教室里的煳味中多了一丝香甜。

马卡龙是一道制作工序相对复杂的甜点，在做完焦糖酱后，大家称好所需的材料，重新制作糖水和蛋白霜。

这一次，虽然也有尖叫声，但我明显感到大家都更加认真了，没有一位同学再次把糖水熬煳。

这时，Martin挨个检查大家的操作，微笑着点头。显然，我们的学习态度得到了他的认可。

当糖水熬到121℃时，厨师机里的蛋白已经打发成功，体积变得膨胀。这时，需要慢慢加入熬好的糖水，如果操之过急，就会让刚刚有了固态雏形的蛋白变成一锅蛋花汤。在这个过程中，我们都屏气凝神，丝毫不敢有一点马虎。手里的锅子滚烫，晶莹透明的糖水液像一条细细的丝带，随着手腕的倾斜，缓缓流进雪白色的蛋白里，随着厨师机匀速旋转的搅拌，一瞬间，不见了踪影。

此刻，教室里听不到其他声音，只有五台厨师机飞速旋转的马达声。

倒进所有的糖水后，厨师机依旧继续运转，高达一百多度的糖水要在厨师机的搅拌下，和蛋白充分融合。直到感觉不到烫手时，原本液体状的蛋白会变得坚挺，体积也会变作之前的四五倍。

看着雪白的蛋白霜，大家都很兴奋。果然，只有操作规范才会成功。Martin一面检查我们的成果，一面不停地用法语称赞："很好！很好！"

整个上午，大家在轻松、愉快的学习氛围里度过。

马卡龙是一款矫情的甜点。虽然做出完美的蛋白霜不易，但后面挤面糊和烤制的过程更加讲究。如果挤多了面糊，烤出来的马卡龙壳会像一个个甜腻的烧饼；如果挤少了，最后烤成的马卡龙壳会变成一枚枚小小的钢镚。

顿时，大家开始变得紧张，搞得台面也狼狈不堪。我对自己操作的每一步都很满意，结果，烤完的饼胚却开裂了。

Martin始终不慌不忙，不时解答我们的各种问题，不知不觉中，就到了下课的时间。

“OK！上午的练习就到这里，不过，我们暂时没有办法下课。”Martin站在讲台中央对大家摊摊手。

“法国人也喜欢拖堂？”因为没有吃早饭，肚子早就开始咕咕叫的我忍不住小声和袁旭嘀咕了一句。

“很抱歉对大家的严厉，因为不想占用大家学习的时间，所以我想利用一点大家吃饭的时间，送一些礼物给大家。”Martin一边说，一边从自己的工具包里掏出包东西来，“这是我从巴黎给大家带来的小礼物，希望你们喜欢！”

Martin打开小包，送到每一个学员面前。原来是一串串埃菲尔铁塔造型的钥匙链。

“谢谢老师！”大家接过Martin的礼物，内心充满惊喜。

“这么好看的钥匙链，不会是中国义乌产的吧？”我对这名法国老师有莫名的好感和亲近感，不由得开口打趣。

Martin不悦地收回递给我的钥匙链：“你应该为你的质疑道歉！”

我脑子一蒙，发觉自己这个玩笑开得过分了。但Martin随即哈哈大笑，重新递上手里的钥匙链：“朋友，希望你喜欢！”

大家哄堂大笑，一上午的疲惫一扫而空。

因为大多数学员都来自外地，午饭时间就成了同学们互相认识的最好时机。

我的同桌袁旭来自乌鲁木齐，刚刚从英国毕业回国，她希望这次课程结束后，回老家做一名甜点师。

左手边的大高个来自哈尔滨，因为总会把亚麻籽当成芝麻，所以我们给他起了个“芝麻”的外号。芝麻刚刚大学毕业，还没想清楚自己到底要做什么样的工作，想学完甜点之后再考虑这个问题。

芝麻的同桌萌萌是一位圆脸女孩，她原本是一名交警，因为一直想开家甜品店，于是毅然决然地辞了工作，四处求学。坐在我身后的丹尼弟弟，在新西兰读高三，可能因为还在长身体，饭量很大。他打算趁着寒假多学一点烘焙知识，以便回新西兰时勤工俭学。虽然大家来自五湖四海，但这次来到这里学习的动力只有一个，那就是对甜点的热爱。

所有心甘情愿的学习，一定是快乐和充实的。

在接下来的时间里，再也没有人迟到。

萌萌有时上完课还要坐高铁赶回河北老家，第二天凌晨再坐高铁来上课；芝麻借住在朋友家，距离很远，却总是最早到课堂；丹尼总是尽可能地吃掉大家练习时多做出来的甜点；袁旭则会用手机录下Martin的操作过程，下课后再发邮件分享给大家……我、袁旭、萌萌、芝麻、丹尼五个人成为这个班级里最活跃的群体，大家一起学习、讨论，一起吃饭、玩耍，谁有了好吃的，也都会拿出来一起分享。

比如芝麻路过超市时会给大家买几个东北老棒冰；丹尼经常会从家里装一把糖果带给我们；每到午饭时，萌萌也会拿出老干妈来“改善”我们的伙食。

在这几位年轻的朋友身上，我看到了青春的态度和模样，感觉自己充满了活力和热情。

Martin慢慢地被我们感染，变得不再那么严肃，也学会和我们开玩笑了。

在后来的泡芙课上，我终于有机会亲手制作“法国油条”——闪电泡芙了。

在失败了好几次，做了好多条不成形的泡芙之后，我终于成功地完成了外表焦黄酥松，内在充满气孔的泡芙壳。

看着一堆歪歪扭扭的失败品和新烤好的泡芙，我长长地呼了一口气，觉得接下来的考试应该不是问题。

“相信你能顺利通过下午的考试。”Martin似乎看穿了我的心思，安慰我。我对他感激地笑了笑。

这时，他却突然变得严肃：“但是，我觉得你有一个特别严重的问题！”

听他这样一说，我又立刻紧张起来，脑子快速运转，努力回想着自己到底哪里做得不对?

“这么多失败的作品，如何吃掉它们，这应该是你比较棘手的问题。”就在我紧张万分时，他指着那一堆失败的泡芙，开玩笑地说道。

我紧绷的情绪放松下来，但看着那一堆失败的泡芙，才发现这的确是个问题。如果不是他的提醒，我可能会把它们直接丢掉。

接着，Martin严肃地说：“其实，我并不担心你们能不能吃光这些失败品，唯一担心的是你们以后能否继续做出美味的闪电泡芙，而不仅仅是为了通过下午的考试。”

一语中的！大家在高强度的练习中，似乎忘记了学习的初心，变得只关注如何应对考试。

这种应对的心态，降低了学习的快乐和主动性，更是让主观的思考停留在了考试本身。

在Martin的提醒下，大家再次梳理了一遍整体的理论基础和操作技能。得益于连续几天的努力练习，下午的泡芙课程结业考试，所有的学员都顺利通过，Martin十分开心。

下课后，那些或失败或成功的泡芙堆积在烤箱里，像一个个刚出炉的热狗。

“不如我们集体吃了它。”萌萌开口提议道。也许是因为辛苦了一个下午，大家都饿了，众人纷纷响应。

于是，一堆或胖或瘦、或长或短的泡芙被集中到了一个烤盘里，分组练习时制作的各种馅料就派上了用场。

形状各异的泡芙，被大家加工成了不同的口味：英式奶油酱、黑朗姆巧克力、杏仁榛子、奶油香缇、香草卡仕达等。吃完这些有馅的泡芙，大家发现还剩下不少泡芙壳，而馅料却被我们吃光了。

“要不我们换一换吃法吧？”萌萌又古灵精怪地提议。最终，就连老干妈、腐乳、金枪鱼罐头这些食材，都被我们拿了出来，教室里又是一片欢呼声。

金黄的泡芙被切开，有的夹上老干妈辣酱，有的夹上腐乳或者金枪鱼，酥脆的泡芙壳有了这些食物的加入，成就了新奇的口感，特别美味。

这些“奇怪”的吃法在Martin看来，都是黑暗料理。他看着我们这些奇怪的“馅料”，连连摇头，俨然一副“孺子不可教也”的神色，那样子看起来倒有几分可爱。

“或许你应该试试我们的‘国民女神’！”萌萌指着一块夹着老干妈的泡芙，邀请Martin品尝。这是她发明的新吃法，并一再地推荐给我们。

在大家期待的欢呼声中，Martin拿起一小块放进嘴里。

“我不认为这是泡芙。”他一边仔细地咀嚼着嘴里的食物，一边煞有介事地摇头。

“怎么样？好吃吗？”萌萌睁着圆圆的眼睛，等着Martin发表意见。

Martin说：“在我们的国家里，泡芙永远都是甜的。”他并没有正面回答萌萌的问题，却又从烤盘中拿起一块夹着老干妈的泡芙，继续吃了起来。这就是典型的“嘴上不承认，身体却很诚实”。

大家看着这位既严谨又风趣，还有些可爱的傲娇老师，都忍不住笑起来。

就这样，一大盘的老干妈泡芙被众人一扫而空。

人与人之间的友谊和国度、年龄、身份无关，主要在于相识、相交的过程是不是以善意、包容和欣赏的态度，去容纳和接受对方。

接下来的几天，依旧是高强度的学习和练习，生活节奏紧张而充实。最后，我们每个人都拿到了Ferrandi Paris的甜点证书。

现在回想起来，这是我成年之后第一次主动去认真学习一种手艺，这次的学习经历让我在以后的生活中受益匪浅。我不再止步于简单的曲奇饼干和戚风蛋糕，而是打开了一扇烘焙世界的大门，感受到了制作甜点的乐趣。

在那之后，家人和朋友们经常能吃到我亲手制作的甜点和蛋糕。这次的学习成果，成了我咖啡馆中的主打甜品。

每次制作甜点或蛋糕时，我都会不由自主地怀念起那段甜蜜的学习时光，还有那简单而纯粹的友谊。现在，我很想念那些相处了只有短短几日，却令人难以忘怀的同学们，当然，还有一脸“傲娇”的Martin老师。

似水年华是对青春的纪念

2010年，因为一段感情的失败，我回到老家陕西，开了人生中第一家餐厅。如果没有结束这段感情，我们原计划要开一家小小的家居馆，卖一些好看的锅子或者温暖的鞋子。但是，随着感情的结束，这个梦想化为了泡影，即使我们早就设计好了家居馆的Logo。

那段失恋的日子，没有了感情的寄托，我觉得自己仿佛成了北漂人群里的弃儿，一刻也不愿意在北京停留。或许，回家才是治疗情伤最有效的方式……就这样，怀揣着失意与落寞，我踏上了回家的列车。家里人并不清楚我突然回来的原因，只是知道我一直有一个在老家开店的计划。考虑到我没有做生意的经验，大家都不赞成我贸然开一家餐厅。

后来，家里人看到我短期内没有回北京工作的打算，又因为我的坚持，就不再反对。有了家里人的帮忙，一切都变得容易起来，没过多久，大家就帮我找到了好几处门脸，而我最终选择了小城最北边那条街道拐角处的一个店面。

店面不大，只有100平方米左右，它的后面是一排排的商住楼。店铺前面，隔着一条马路，则是一片种满了玉米和各种蔬菜的坡地，而坡地的顶端是一片茂密的树林。翻过这片坡地，就是这座小城唯一的火车站。每天傍晚日落时分，我从北京回老家需要搭乘的K262次列车，会准时呼啸着穿城而过。

因为还沉浸在失恋的阴影里，从装修开始，我每天都会在QQ上向那个灰色的企鹅头像分享当天的工作进展和接下来的计划。但无论我发送什么样的消息，那个灰色的头像都无动于衷，从未变成过彩色。虽然我并不期待得到回复，但还是想每天向那个灰色头像汇报开店的进度——感觉自己并不是在开一家和她无关的餐厅，而是在一点一滴地筹备我们计划中的家居馆。从装修开始，我似乎被下了一道魔咒，每前进一步都会回想起我们之前的美好时光。

墙面被我刷成海蓝色，那是因为她喜欢大海，我们曾经相约去蔚蓝的海岸，却一直未能成行；店面的中央，被我摆上了花朵和绿植，因为她不喜欢小动物，却喜欢在房间里摆弄各种花花草草；店里的墙壁被我挂满了相框和拍立得照片，那也是因为她喜欢摄影，有一部分照片是我们在北京时的回忆……装修是一件辛苦的事情，但是我好像特别享受这个过程，从早到晚，越是忙碌疲惫，越是觉得踏实。有些傍晚，我会一个人去坡地的顶端，坐在路边的田埂上，喝一小罐啤酒，看着那列火车呼啸而过。

三个月后，装修完成了，招牌挂了起来——似水年华。这四个字在别人眼里看来，除了矫情还有一些土气，如果不加上休闲餐厅几个字，大多数人都不会认为这是一家餐厅。乍一看餐厅的装修和设计，大多数人会以为是一个女孩子开的家居装饰店。

似水年华这个名字，也和她有关。她喜欢马塞尔·普鲁斯特，喜欢乌镇，喜欢黄磊。我们一起去过乌镇，两个人一左一右，走过逢源双桥。去KTV的时候，我们会一起合唱黄磊的歌。她推荐给我的电视剧《似水年华》，我只看过一集。这些曾经的一切，似乎都汇集在我终将要开的这个名叫“似水年华”的店里。

给门店的招牌拍了一张照片，我照例用QQ分享给她。这次，我以为那个灰色的头像依旧会无动于衷，但消息发出不多久，熟悉的头像突然闪动了几下，变成了彩色。点开消息，我收到了简单的三个字：谢谢你！

看着这三个字，我一时间怔住了，悬空的双手被定格在了键盘上，脑子里一片空白，瞬间没了一丝力气，不知道该和她说些什么。但没容我多想，那个彩色的头像又变成了灰色。

窗外，有火车驶过的声音，我突然不再想与那个灰色的头像聊天，也不再想分享每天的动态。在一段已经结束的感情里，还在惦记对方的那一个人，仿佛是失败感情里的一个降落伞，会被动地让对方拉扯着，一旦对方安全着陆，自己就会被遗弃。可我依然相信，在那段似乎用尽全力的感情里，她曾经和我一样，爱过。而现在，我能做到的，只能是不再打扰她……

第二天，似水年华开始营业了。

作为小城里第一家卖现磨咖啡和手工比萨的餐厅，从营业的第一天起，生意就特别火爆。我和家人在店里从早忙到晚，似乎没有时间再去考虑别的。而失恋带来的伤痛，似乎正在被忙碌疗愈……

第一次做生意，从原材料到最终呈现给客人的菜品，每一个环节都得掌控。原材料要货比三家，除了质量要稳定，还要保证发货的时效性。有时候因为物流不及时，我会一大早出发，坐四个小时的大巴，去西安采购，再赶末班车回家。那时候，浑身似乎有使不完的劲儿，一箱一箱的食材，我独自从西安运回老家。曾经有一次，我带着四大箱的食材回家，因为泡沫箱的体积比较大，我一次只能搬动一件，又担心食材丢失，于是从安检到上车，我只好一箱一箱地接力。我把第一箱搬到视线所及的地方，再转身去搬后面的几箱。人群密布的候车室里，原本只是短短的一小段距离，我却花费了好长的时间，直到在众目睽睽之下累到虚脱。现在想来，那时候的我既狼狈又坚强，真是不可思议。营业后两个星期，北京的公司有一些事情需要我立即处理，我只好马上回京，忙完工作，再赶回老家。开始的那几个月，我几乎每两周就要在北京和老家之间往返一趟。连K262上那位胖胖的乘务员都认识我了，每次换卧铺票，他都会调侃："嘿，又回家做饭呀？"

夏天过去一半的时候，这个只有八个台位的小店，在老家变得小有名气，很多年轻人会把这里当成聚会的首选。我在店里结交了很多朋友，我的感情仿佛也转移到了这些客人身上，失恋的痛苦似乎变得越来越弱。

一天下午，因为没到饭点，所以店里没有什么人，我坐在最角落的桌前写工作计划，并准备把一些明信片寄给外地的朋友。这时，七八个大学生模样的年轻人走进了店里。

他们点了咖啡饮料之后，就开始围在一起聊天。从他们的聊天中得知，他们是高中的好朋友，目前即将大学毕业，这是他们学生时代的最后一个暑假。大学毕业后，几个同学会去往外地工作，所以这样的聚会将来不会太多了，大家都格外珍惜。

窗外的知了不知疲倦地叫着。聚会结束时，原本晴朗的天空突然暴雨如注，准备散场的年轻人被困在了店里，等待雨停。

看着这些青春洋溢的脸庞，我突然想起了桌上那一沓明信片。我想送给他们。

“我这有一些空白明信片，要不你们彼此给对方写点留言？反正这会儿雨特别大，一时也走不了。”我跟他们提议。

他们接纳了我的提议，围在桌前开始写写画画。窗外大雨滂沱，屋里则是满满的温情。等到大家写得差不多的时候，屋外的雨变小了。我从吧台里取出几件一次性雨衣给他们，这是开业以前就准备好的。

“我这儿有一些一次性的雨衣，现在的雨不太大了，应该能用得上。如果你们要寄明信片的话，可以留在店里，我替大家寄走。”

“谢谢老板！我们决定把写完的明信片留在你们店里，以后逢年过节回来，还能看到。”一个刘海卷卷的女孩把大家的明信片递到我的手里。

原本空白的明信片，有的上面写满了字，有的则被细心地画上了图，每一张上面还签上了各自的名字。

“大虎子？”我看着她递过来的一张明信片上的签名，忍不住念了出来。

“他们都叫我大虎子。”女孩子笑盈盈地对我说。

从那以后，大虎子和她的朋友们成了我店里的常客，这帮年轻人隔三岔五都会来店里小聚。但越往后来的人越少，直到开学以后，他们就再也没有出现。他们留下的那些明信片被我单独挂在了一面墙上。

一名叫曹雯惠的高三女孩和大虎子她们不一样，她很多次路过店门口，却从来不敢进来。

“我们觉得这样装修的店面，里面的东西会比较贵。”冬天的一个晚上，我从北京回到店里，用刚研发的新品甜点招待初次见面的曹雯惠和她的朋友们时，她对我说的第一句话。

“我们都觉得你可以针对在校的初中生和高中生开发一些价格实惠的产品。”曹雯惠诚恳地向我提议，“这样你能多一些像我们这样年轻的客人。”

的确，曹雯惠所在的高中离我的店不到五百米，每天上下学的时候，我都能看到成群结队的学生从门口路过。他们都会好奇地透过窗户往里张望，但很少有人推门进来。

我听了曹雯惠的建议，特地观察了几天，发现这些学生们普遍喜欢奶茶。每到放学的时候，学校附近的奶茶店门口挤满了人，香芋、木瓜、草莓、芒果、西瓜……十几种口味，八块钱一杯的奶茶几乎人手一杯。这些花花绿绿的冲调饮品含有氢化油脂和反式脂肪酸，对正在发育的孩子有很大的危害。

因此，我尝试着做了一些相对健康的奶茶。把砂糖水用小火熬成焦糖，再加入鲜奶煮沸，用正山小种或者锡兰红茶煮两三分钟，就能做出浓香好喝的奶茶。

虽然这样的奶茶制作过程看似简单，但相对于其他奶茶店来说，却显得效率低下，赶着上课的孩子们等不了我这样慢悠悠地煮茶。一来二去，大家形成了习惯，周一到周五，基本没有人买奶茶，而到了周末，那些不用补课的学生来店里写作业，会点上一杯奶茶。互相熟悉了之后，他们还会特地要求我在奶茶里加上红豆或者布丁。

有一次，因为我没有准备好能加进奶茶里的材料，刚好点奶茶的小姑娘正拿着粉色的棉花糖吃得开心，她索性把棉花糖丢进了奶茶杯里。

后来，我干脆只卖一种奶茶，只是里面加上了学生们喜欢的红豆、布丁，还有棉花糖。这种奶茶，在后来很长的一段时间里，都是这些学生们最喜欢的饮品。

和学生们不同的是，在小城里工作的年轻人喜欢来店里喝酒。啤酒、洋酒、红酒……有些酒量大的年轻人能从晚饭喝到店里打烊，有的人甚至每种酒都要尝一尝。

哪怕出售酒水的利润比菜品高出许多，我也不太喜欢让客人在店里喝醉，好多时候不得不做一名“知心大哥”，陪着一个个喝醉的“灵魂”排解郁闷。

后来，曹雯惠读完高中，考上了老家西安的大学。我们经常在微博上联系，偶尔她回小城一趟，总会专程跑到店里看看，事后再拍个照片发给远在北京的我。

有一天，临近打烊，食客们早已散场，靠窗的桌子前趴着一个不省人事的姑娘。桌上一片狼藉，盘子里是吃剩的比萨和沙拉，旁边有半瓶喝剩的红酒，地上还丢着好几个空的啤酒瓶。

我记得和她一起来的是一个戴眼镜的短发男子，可不晓得为什么，现在只剩下她独自醉倒在店里。可能是那个男士暂时离开了，我心想。

等了十多分钟，男士依旧没有出现，而那个姑娘则睡得香甜，虽然眼角看起来尚有泪痕。

我大概能猜测到发生了什么，但是又不太忍心叫醒她，只好继续擦起了杯子，等着她醒过来。

我把洗好的杯子一个个倒扣在吸水布上控干水分，然后用干净的麂皮布擦干，放进消毒柜。等我做完这些，那个姑娘依旧酣睡，安静的店里，只有消毒柜的计时器传来的旋转声。

我已经困得不行了。正当我一筹莫展的时候，又瞥见了她脸上那冲花了眼影的泪痕。算了吧，让她再睡会儿吧，或许在梦里，她还沉浸在甜蜜的往事里。就在这时，睡着的女孩子突然哼了一声，醒了过来。

“你还好吗？”我担忧地问她。

姑娘表情痛苦地直起腰，抽回压在脑袋下发麻的胳膊。她刚一抬手，原本握在手里的戒指就掉在了桌上，滚进了比萨盘里。原本还没太清醒的姑娘愣了一下，旋即开始抽泣起来。

“姑娘，你还好吗？”我再次问她。

“呜——呜——呜——”她没有回答我，只是自顾自地哭着，浅色的眼影早就花了，长长的假睫毛也被揉得乱七八糟。

我尴尬地站在她对面，拿起一沓纸巾放在她面前，默默地等她平静下来。

不一会儿，可能是哭累了，原本大声的哭泣变成了低声的呜咽，偶尔有片刻停顿，旋即又是一阵抽泣。“有酒吗？”抽泣中的她，突然抬起哭花了的熊猫眼问我。没等我答复，她已经看到了桌上剩下的半瓶红酒，拎起酒瓶就往嘴里倒。

“等一下。”我连忙拦住她。以这样的阵势看，她真是要喝到不省人事啊！

“你这样干喝不行啊，很伤身体，况且这么晚了，喝多了也不安全。”我叮嘱她。

“我酒量很好的，老板，你相信我。”她执意要夺走我手里的酒瓶。

“我倒不是怕你酒量差，只是现在太晚了。要不你给朋友或者家里人打个电话，告诉他们你在这儿，让他们来接你，这样我才能让你继续喝。”我指了指店里柱子上的挂钟说，“现在已经是半夜12点多了。”

姑娘看了看表，怔了怔，撇着嘴，又委屈地哭了起来。

我变得手足无措，不知道应该怎么办，看着她可怜巴巴的样子，不由自主地松开了手里的红酒瓶。

但是她并没有拿走我手里的酒瓶，只是一边哭，一边用纸巾擦着流下的泪水。

或许是被她感染了，我又想起前女友来，开始莫名地难过。我忍不住抬头望向墙上的照片，那一张张相框里的笑脸，仿佛是在嘲笑此刻的自己。

那个姑娘慢慢平静下来，拿起酒瓶，往面前的杯子里倒满了红酒，准备一饮而尽。

“等一下！”我再一次拦住了她。其实此刻，我也很想喝一杯，但是并不想和她一样给自己灌上一杯杯酸涩的难过。

“我想请你试试别的酒，这瓶红酒放了一晚上，味道已经不好了。”

其实，我是担心她再次喝多，毕竟这瓶红酒有13度，而我说的酒只有3度。

我从酒柜里拿出两瓶樱桃味的啤酒，递给面前的姑娘一瓶。她没有拒绝，接了过去。

这种樱桃啤酒，是我经常喝的一种，因为酒量差，只能喝这种水果啤酒。而前女友则喜欢桃子味的。

细腻的泡沫从粉红色的瓶子里慢慢溢出，在空气的作用下，一点点消散。樱桃味的啤酒喝进嘴里，从舌尖到喉咙都能感受到强烈的樱桃果酸味。这种果酸味夹杂着麦芽的香气，充盈着整个口腔，一口咽下去，酸味穿过鼻腔，直冲泪腺，一时间，眼泪就要下来了。

我一边喝着手里的啤酒，一边听面前的姑娘讲述她的故事。

姑娘叫小菲，戴眼镜的短发男子是她男朋友。小菲常年在西安工作，这次是瞒着家里人偷偷跑回来的，因为男朋友告诉她，他要和别的女孩子订婚了。

“我那么爱他，从大学时候就跟他在一起了，尽管家里人反对，我都不在乎！”小菲委屈地抱怨着，似乎又要哭了。

我看着她，没有说话。这个时候，任何一句安慰都没有用，她需要的只是倾听和陪伴。

“你看，这个戒指还是我用上班后第一个月的工资给他买的！”小菲拿起那枚戒指愤愤地说，“我都没有给我爸爸买过礼物！”

“凭什么啊？”她大口地喝下一口酒，可能是酒太酸了，她的表情看起来有些痛苦。

“我不甘心！”她自言自语地说。

对于她的难过我感同身受。其实，一段感情需要双方同等付出，而很多时候，主动结束这段关系的那个人，都是不想再珍惜这段感情的人。一段感情结束，痛苦的一般是付出多的那个人。付出造成了内心的不平衡，让自己沉溺于受害者的状态而不自知，原本对对方的爱和付出，都演变成了一种不甘心。

我似乎从她身上看到了自己的影子，就劝她：“我知道你很难过，想哭就哭吧！”

她抬头看了我一眼。

我继续说：“但是也请你好好想想，这么晚了，能把喝醉的你丢在这里的人，真的是你想与之共度一生的人吗？”

小菲不再说话，默默坐了一会儿后，拦了一辆出租车离开了。

第二天下午，我照常在店里忙碌，一个熟悉的身影出现在我面前，竟然是小菲，还拖着一个银色的小行李箱。

“我来店里吃个饭，然后就回西安了。”小菲看着我，不好意思地说。

“好啊！欢迎欢迎！”我感觉她状态好多了。

“老板，我能要一瓶昨晚那个啤酒吗？”点餐的时候，她跟我说，“而且，你放心吧，我不会喝多的。”

从那以后，每年春节假期我都会在店里看到她，而她每次也都只要一瓶那个樱桃味的啤酒。

日子一天天过去，随后的几年里，大虎子和她的朋友们陆续毕业，而且大部分都回到老家西乡工作，我的餐厅又成为他们相亲和恋爱的场所。虽然我大部分的时间依旧留在北京，可回老家的日子里，偶尔会碰巧赶上他们某个人的婚礼。婚前的那个晚上，他们会安排到我店里聚一次，庆祝彻底告别单身生活。

有一次，他们中一名叫涛哥的小伙子结婚，恰好我在店里，他们提议，让我给涛哥调一杯鸡尾酒庆祝。

“要烈酒！要最大的杯子！”众人起哄。

担心影响第二天的婚礼，我在杯子里只加了单份的基酒，还没来得及进行下一步操作，杯子就被他们抢走了。

“剩下的我们来做！”大虎子和她的伙伴们端起杯子，跑进厨房要来各种材料。

眨眼间，糖、醋、酱油、辣椒、咸盐、西芹、番茄酱等一股脑都加进了杯子里。

“涛哥，从明天开始，你的日子就都是这杯酒的味道了。”大虎子他们调侃着。

就这样，结婚前一天到店里调一杯“单身终结者”成了他们这群人雷打不动的规矩。后来的几年里，大家陆陆续续地都结婚生子了，这样的聚会就再也没有出现过。那些朝气蓬勃的面孔，仿佛定格在了墙上那一张张的明信片里。

时间流逝，一晃七年过去了，身边的一切都变了，小城里有了更多的新式餐厅和网红店，我在北京也创建了新公司，并且开始了一段新的恋情。

我的餐厅里，依旧卖着只有一种口味的奶茶和樱桃味的啤酒，店里的顾客越来越少，小城里的年轻人有了更多新的选择。

我在北京的工作越来越忙碌，对店里的照顾也越来越少，每次回去，都能感觉到在店里忙碌的父母又老了许多。再看到墙上的那些笑脸时，我已经没有了当年的感慨，是时候说再见了！

春节里的一个傍晚，窗外依旧是火车呼啸而过的声音，我的店铺转让了。似水年华转让给别人的最后一个晚上，我发了一条朋友圈告诉大家这个消息。

从吧台里的咖啡机，到墙上的相框，我都仔仔细细地擦拭过，或许只有把店里彻底地清理一遍，才是一种让我安心的告别方式。

我把墙上的明信片一张一张地取了下来，放进一个铁盒子里。这些明信片是这些年，大虎子和曹雯惠他们留下来的纪念，也是我唯一要带走的东西，而墙上的那一张张笑脸和所有的设备，都会留给下一个经营者。

等我收拾得差不多的时候，店里进来一群人，是大虎子他们几个！可能是他们从朋友圈看到了我发的信息，专门带着孩子一起来道别。

我的心被一股暖流击中，酸酸的，仿佛喝了那瓶樱桃味的啤酒。低头看手机的信息，是小菲发来的一张照片，照片里，神采奕奕的她举着一瓶樱桃味的啤酒 。“珍重！”她在信息里写道。

我点开微信朋友圈，看到一条曹雯惠发来的消息：

2011年7月，似水年华开业，那时还不知道这家店的存在。

8月，和朋友路过这家店好多次后，终于在一个傍晚，我俩背着相机走了进去。这应该是那时候西乡第一家文艺十足的小馆。之后，我一直在微博上和老板 小张互动，那时的小张常常往返于北京和西乡之间，神龙见首不见尾。从那时候开始，我们觉得小张好厉害，是我们的男神……

12月，我的18岁生日，下了晚自习和杨陈豪去店里庆祝，伴着苏打绿的歌，一起聊了好多……

2012年，高三的最后一个学期，我没事就去店里和叔叔、阿姨聊天，那时候小张从北京带回来好多签名专辑，而我抓着五月天的那张就不松手了。

6月，高考完，准备离开学校了，我顶着大太阳把一堆杂志送到了店里。

7月底，到达西宁后，我写的第一张明信片是寄到店里的。

8月底，要去上大学了，我和朋友因为之前的误会约在了店里见面，朋友没来之前，阿姨劝我一定不要吵架，要好好地把事情说清楚。

收到毕业证和大学录取通知书后，我离开了这座小城。

后来，偶尔回小城时都要去店里看看，而每次都是蹭吃蹭喝。

2014年2月，小张来西安采购，说要来找我拍似水年华三年的视频。拍完视频才知道，那天是小张的生日，我们一起去金莎楼吃了鱼，晚上去了小张妹妹家，烤了好吃的可颂。

10月，小张在微信里说给我快递了礼物，可是我不在西乡，就拜托朋友去店里帮我取，一顶毡帽和那张五月天签名专辑。还记得朋友羡慕地和我说："这个老板真好啊！"

再后来……我变得每天都很忙，但在微博上还是默默关注着小张的动态：开了农家乐，手绘了好大一面墙，捡了一只小黑狗养在公司里，拍了VCR……他一直生活得随意而洒脱！

今天晚上刷朋友圈，看到小张发的店铺转让的消息，我突然有点伤感……

似水年华是我们所有人对那段青春岁月的纪念，就像黄磊在《似水年华》专辑里的一段话：

关于《似水年华》这部戏的拍摄，

我觉得是对我青春的一个纪念，

可是我觉得我做的最重要的一件事情是，

我做了一个记忆，

做了一个类似于结束的东西，

是对一个时代的告别。

在和似水年华做最后告别的时刻，看到雯惠这条长长的信息，我心中感慨万分，眼泪不由自主地滑了下来。此时，我似乎早已经忘记了那个“灰色头像”，甚至也记不起QQ的登录密码了……

最快乐的开店时光

迄今为止，我开过三家店：一家餐厅、一家农家乐和一家咖啡馆。除了咖啡馆还在运营，其他两家店已经相继转让。

每一个文艺青年的内心都渴望能拥有一个浪漫的归宿。而开一家自己喜欢的店，或许是最好的表达方式，既能满足日常开销的需求，又能让梦想在琐碎的生活里发光，自己也能过着文艺、美好、平淡、安宁的日子。这样的生活似乎看起来再圆满不过了。

然而，开一家美好的店容易，但想把店成功经营下去，往往就和文艺不沾边儿了。繁杂、重复、平淡、琐碎的日常可能会让你身心疲惫，到最后，坚持一家店，变成了坚持生活本身。

开店就是为了做生意，但只要做生意自然就会有风险。每一个店主都喜欢生意红火，我也不例外。

每开一家店，除了具体的施工交给工程队做，其余的工作，比如设计和软装，我都会尽力自己完成。于我而言，每一家店都是一个作品，所以，我每一次都会用尽全力去做好它。

店名和Logo在开店意向明确之后，我会花费好长时间反复修改完成。确定了店名和Logo，开店后期需要的菜单、海报、会员卡、桌牌等也就都有了统一的设计风格。

店名和Logo的设计过程也是装修风格确定的过程。在店面选址确定之前，我会设计几个方案备选，然后再结合实用程度、风格、施工难度、预算等因素，一次次推翻自己的想法，最终确定一个大致的装修风格。

这还没有结束，最后还需要把脑海中的想法落实在室内装修设计效果图中。开第一家和第二家店时，室内的面积都不算太大，所以，整个装修风格会在我脑海里形成一个清晰的“效果图”。量完场地的尺寸，根据之前的规划，直接放线施工，出来的效果都和想象的并无二致。

小店面可以这么操作，但是对于我这间三百多平方米的咖啡馆来说，没有具体的平面图，施工队根本无从下手。

拿到店面的尺寸图后，我觉得这次咖啡馆的装修，需要邀请专业的设计师帮我设计制图。恰好有一位在西安从事室内设计的朋友愿意帮我解决这个难题。经过反复沟通之后，他设计出了我想要的布局，并且在一个周末的傍晚，我“盯”着他画完了图。

但我还是有一些担忧，觉得设计是件需要慎重的事情，应该再斟酌一番，不好意思再麻烦朋友修改，最后决定自己重画一版。

设计需要用CAD这个设计软件，可是这样的专业软件并不能通过快速学习就可以熟练操作。我尝试了很多次，还是无法顺利地把脑海中的想法表现在设计图纸上。

“要不，你再找那个朋友给你重新画个设计图吧？”施工队的老李提议。我的第一家店装修时，就是他带着工人完成的，当时我们配合得相当默契。

“算了，要不咱们还是土法炼钢吧。”知道设计师朋友刚刚接了一家酒店的设计工作，不想再给他添麻烦，于是我决定自己解决设计图的问题。

按照自己的想法，我和老李一起，在空空的场地上直接划线，然后再确定各个区域的面积。后来我们感觉划线不直观，老李便安排工人们搬来砖头，沿着画好的区域，用砖头“画”出了一个“平面图”。

这样的方式虽然看起来不是那么严谨，但是依旧对后面的施工起到了关键性的作用。我们用砖头代替，模拟出吧台、厨房的位置，量好具体的尺寸，我便手绘在记事本上，等当天晚上忙完后，我再用Photoshop做成一张简单的平面布局图，并且用不同颜色的方块代替各个区域的位置，再标注上长、宽、高的尺寸。

我们用了两天时间完成这项工作，边调整边画图，最终，老李按照我的“平面图”成功地确定好了咖啡馆的布局。他带着工人放完线，就立刻着手开始基础的装修。

虽然有了整体的装修风格，但是随着施工的进展，各种细节也会随时调整。我每天除了回家睡觉，基本上都待在施工现场，随时解决可能出现的施工问题。老李的团队年纪都偏大，擅长做传统的木匠活，加上一直在小城市工作，他们没有接触过咖啡馆的装修，我的一些想法在他们看来匪夷所思。

因为咖啡馆的名字叫“檍”，我计划在店里增加一些树木的元素。春天的时候，树木会醒过来，它们的根系会拼命吸水，这让枝干变得沉重，并且容易生虫，为了避免这个问题，我在天气还没转暖的时候，和家人一起在老家菜园子的坡地里砍了几棵树，晾晒在田埂边，等到装修进行得差不多时，再安装进店里。

老李和工人们觉得很稀奇，他们想象不到这些六米多高的树木放在店里是什么样的效果，只是发愁如何把这几棵树从坡地弄进城里。

“继续土法炼钢啊！”我又跟他开玩笑说。

事实上，坡地下不去吊车，我们也只能依靠人力。老李带着三四名工人拎着斧头，我和父亲背上麻绳，小叔开着自己的重卡，和家里的其他人一起，浩浩荡荡地去菜园子搬树。

这几棵直径二十厘米，长达十米的树，重达几吨，单靠我们人力无法从坡底的田埂搬运到停在坡顶路旁的车上。但是想法总比困难多，我们截掉一部分树冠的枝丫，砍掉多余的长度，尽量保证树形的完整，再用麻绳捆住树干，一部分人拉住麻绳拖拽，一部分人抬着树枝移动，一点点地，终于把几棵树全部搬到了卡车上。茂密的枝干一部分垂在下方，一部分翘了起来，让卡车看起来像座小山一样。

因为平时缺少运动，搬完这些树后，我开始两眼发黑，心跳加速，似乎快要晕倒，一屁股坐在地上大口喘气。由于担心车辆太高，树枝容易剐蹭到沿路的电线，我不得不赶紧起来紧跟其后。虽然疲惫不堪，但我总算是松了口气：终于搞定这几棵大树了。

运到店门口的树被我们卸下车，按咖啡馆的层高锯好，用麻绳捆紧树冠方便进门，然后在大家七手八脚的配合之下，固定在我提前规划好的位置。老李拍拍手，擦了把头上的汗，开心地说："还真是挺好看的呢！"

但是仅有几棵大树在店里也会显得单调。有一次我开车回老屋，小叔正开着挖掘机和工人们一起将路边枯死的桂花树连根拔起，准备移栽上新的，那些枯死的树即将被村民们拿走，当作柴烧。

我觉得有些浪费，并且不愿意再去砍树来装饰店面，这些桂花树既好看又干燥，完全可以放在店里，于是便请求他拉到店里。

这些树的树干被我装在门边和座位附近，当作天然的隔断；砍下来的树根也没有浪费，我把它们一根根捡起来，固定在木工板做成的盒子里，再喷上一层白漆，树根粗糙的纹路被白漆浅浅地覆盖后，透出深深浅浅的肌理，钉在墙面上，很有艺术感。

这也是我提前就想好的装修设计，目的是节约预算。装修并不是预算越多便越好，重要的是设计感要对。

咖啡馆的两面墙上都用这种方法来装饰，只不过，不是用树根。我把砍树时截取的一部分树枝修剪好造型，以突出"檍"的主题，再用一些日常的咖啡和厨房用具来增加生活气息。

开第一家餐厅时留下的咖啡机和磨豆机，以及用不上的杯子，都被我用白色油漆喷涂，做进木盒里。上学时喜欢的收音机、陈博士在法国淘来的小物件，以及我在小城两元店里淘来的锅碗瓢盆擀面杖等摆满一地，我让木匠师傅裁出尺寸适合的木板，用钉枪和铁丝把这些物件一个个排列固定好，再装上高度不同的边框，喷上漆，最后用钉枪牢牢地固定在两面墙上。

不过，做这些事情需要耗费大量的手工时间。装修是一件辛苦的体力劳动，从装修的第一天起，我时刻盯在工地上，虽然每天身体疲惫，但我却非常享受这个过程。看着自己的想法，被一点一滴地呈现，这种无法用言语表达的成就感让我异常兴奋。

我每天都像打了兴奋剂，不知劳累。刚开始还会回家吃饭，后来索性让家人把饭送到工地。或许是因为每天强大的体力劳动，我整个人看着瘦了很多。

这在家人看来，都是因为太过辛苦，于是他们变着花样给我带饭，并且逐渐加大饭量，从一开始的半个保温桶，到最后各种蔬菜、肉、米饭、汤和水果装满整整一桶，小外甥甚至还会偷偷地带一盒儿童牛奶给我。

但是做自己喜欢的事情，就不会觉得辛苦。店面装修期间，家人们空前和睦，并且时刻陪伴，这也是我离家之后，和他们共处的最长的一段时光。似乎因为开店，让全家人有了统一的目标，心里燃起美好的向往，这样的希望减少了日常生活中因为一些琐事的分歧和摩擦，大家的幸福感也倍增。

装修节省出来的预算，大部分会被我用在设备和原料上。俗语说“一分价钱一分货”，事实也证明，多花两万块钱的咖啡机，做出的咖啡质量确实会更稳定，而每磅多出几十块高质量的咖啡豆，磨出的咖啡味道会令自己更满意。

设备和原料都需要亲自尝试。在装修的过程中，我会花时间去寻找供应商，然后在预算范围内，选择最好的机器和原料。

每一种餐食的推出，需要尝试很多次，除了自己的感受，我也安排了一次又一次的聚会，请朋友们帮忙试菜，并让他们针对每一道菜品提出意见。

这些朋友大多数都是在开前两家店的时候认识的。从第一家餐厅开始，就会经常有很多年轻人进到店里就餐，渐渐地，我和其中的一部分人熟悉起来，并通过他们，又认识了更多新的朋友。

小城的生活虽然平淡无奇，但我那些看起来独树一帜的小店，却承载着文艺青年们的热爱，此后我的每一家店，都成了他们的根据地。

咖啡馆装修结束前一天的早晨，我照例早早来到店里，给自己磨了一杯咖啡。因为设备已经调试完毕，所以最近一段时间，我每天早晨都是先做好一杯美式咖啡，然后带着咖啡去吃一碗汉中面皮。

美式咖啡味道苦涩，面皮热辣咸香，两种食物同时出现，令很多人感到不解，但我却很享受这种东西方结合的早餐。咖啡是我的最爱，而面皮是我从小吃到大的美食，我不认为两者会有冲突，但是想要其他人接受，需要一个过程。如同我的咖啡馆开在了一个完全没有咖啡文化基础的城乡接合部。

面皮还没上来，我照例先喝了口咖啡，醇厚的香气穿过鼻腔，直冲脑门，让人瞬间有了一种幸福的感觉，装修期间的疲惫感荡然无存。

生意的目的是通过“满足他人”而获得物质回报，而我的每一家店，似乎更倾向于“实现自我”。

我清楚地知道，咖啡馆即将营业，漫长的磨炼才刚刚开始。那些筹备期所经历的快乐，即将被日复一日的开门、打烊所消磨；那些倾其所有实现开店梦想的执着，也可能会被生意中的压力所掩盖，但谁也无法确定将来，唯有活在当下，努力实现当初的梦想。

开店如同人生，需要面对一个又一个繁杂、琐碎的困难，只有勇敢地冲上去，并持久忍耐，用尽全力去面对，这样活出的人生，即使黯淡，也不会后悔。

一杯没有送出去的咖啡

秋天一晃就来了，早晚虽然有一些凉意，但是太阳出来的时候，气温会变得舒适，令人心情愉悦。

在夏天快结束的时候，我在咖啡馆门口装了四个公园里常见的那种长椅，方便坐在室外的客人休息。但是从装好的第一天开始，这些长椅就被小城里遛弯的大爷大妈们占据了。

牧马河穿城而过，我的咖啡馆所处的景区沿河而建，是人们休闲和锻炼的好去处，一早一晚，总有很多人沿着河畔散步。

在店门口长椅上停留的老人分为两种：一种是带孩子的大妈，一种则是遛弯的大爷。

长椅有时候会完全被带孩子的大妈们占据，说些家长里短，聊得不亦乐乎，直到有孩子哭闹，她们方才罢休；有时候则是遛弯的大爷们抢先，凑成一局扑克牌或者象棋。

无论哪一种，他们都不会进店里消费，一方面觉得没有需要，另一方面也觉得咖啡喝不惯，不如买几杯豆浆喝。

不知道为什么，我觉得每一位在咖啡馆门口的老人都很孤单，不然他们为什么一早一晚，都执着于在那几把椅子上度过整天的时光呢?

一开始，店员对这样的状况很生气，尤其是在晚饭前后的一段时间，老人们不请自来，让一些等待就餐的客人没了座位。店员们总要上前劝说那些老人们把位置让出来，大部分老人都非常明事理，偶尔有蛮横无理不愿让座的，店员们也没有办法，只能一次次地冲我抱怨。

虽然这些老人和咖啡馆的氛围看起来有点格格不入，可是我开咖啡馆的初衷就是为同乡们服务的，不管他进不进来消费。所以我并不介意他们在店门口的椅子上休息。

渐渐地，日子久了，老人们也和我们有了默契，当有客人想坐在外面的时候，他们会主动起身离开，让出座位来。

因为咖啡馆门外的区域比较宽敞，慢慢地，这里就成了老人们社交的最佳场所。

这些老人们每天都相约着在店外的拐角处打牌，担心椅子不够坐，多数都会自带马扎。展开随身携带的一个简易折叠小桌，他们坐着马扎围在桌边，便开始了一天的牌局。

我每天都在店里默默地观察这些老人，不忙的时候也会给自己磨一杯咖啡，不紧不慢地喝着，透过玻璃窗看着他们自得其乐，想象自己以后的老年生活。

初秋时分，偶尔会下雨，这时的咖啡馆里一般都没有什么客人，门外的长椅上也空空如也，只有拐角处的大爷们会照常出现。他们会把小桌支在屋檐底下，打一下午扑克，等到晚饭时分再各自回家。

一个雨天，一身夏装的我感到有一些凉意，就给自己沏了一杯热茶，百无聊赖地趴在桌上，看着门外的落雨。

今天拐角处的屋檐下，三名常见的大爷只来了两位，他们也是一身夏装打扮，拎着马扎默默地站着，应该是在等另一位老伙计的出现。但是很长一段时间过去了，另一位老人依旧没来。可能是因为太冷，百无聊赖的大爷们拎着马扎走进了店里。

“小伙子，给我们一人来杯咖啡。”其中一位大爷进来便说。

他们应该是第一批进我店里点饮品喝的老人，虽然之前也有很多老人进来过，但都是为了上个厕所或者出于好奇进来转转就走了。

我感到很奇怪，从没想过他们会进来点咖啡喝。我身边的老人里，除了我爸，没有老人喜欢咖啡。我一边招呼他们落座，一边介绍咖啡的种类和口味。

虽然不太懂，但他们倒是很有兴趣听我讲这些。

“那就来两杯加奶不加糖的那个什么布吧，岁数大了喝甜的不好。”其中一名花白头发的大爷听完，选了一种。

“好嘞，您稍等。”

店员们很认真地做好了两杯卡布奇诺端了上去。担心他们只喝咖啡不太适应，我赶紧又送上去一碟小饼干。

大概也是第一次进咖啡馆，两位大爷一边品咖啡，一边观察着店里的环境，有一搭没一搭地聊着天。他们不时地朝门外张望，应该是期待自己的老伙计出现，但直到小饼干吃完，都没见人影。

“小伙子，再给我们一点饼干吧！”

我又装好一碟，端了上去，好奇地问：“今天怎么就你们两位啊？另外一位大爷怎么没跟你们一起？”

“不知道怎么了，平常都是他最早，今天到现在都没来。”花白头发的大爷说。

“老金头估计是睡过头了。他运气不好，不然我还能请他喝杯咖啡呢，哈哈哈。”另一位大爷开玩笑地说。

小饼干吃完，咖啡也喝光了，大爷们提到的老金头还是没有出现，眼看到了饭点，两位大爷只好拎着马扎遗憾地回家了。

后来的一段时间里，大爷们提到的老金头一直也没出现过，拐角处也不见了三位大爷一起打牌的场景。

咖啡店隔壁开了一家超市，店门口的大爷大妈们更多了。他们经常买完东西后，来店门口的长椅上休息，有时候一边聊天一边择菜，留下一地菜叶子；有时候也会在超市买些零食，坐在长椅上给孩子们吃，丢下一地垃圾；甚至还有用完的纸尿裤就扔在椅子上。

我不喜欢这种乱丢垃圾的行为。有的人甚至当着自己孩子的面，把各种垃圾随意丢在脚下，即便垃圾桶就在距离长椅两米远的地方。

一开始，我尽量不去计较，在他们离开后，拿着扫帚清理干净。

后来次数多了，我慢慢也容忍不下去了。于是，我想到一个办法，在他们丢垃圾的时候，便拿着扫帚默默站在一旁，满脸笑意地看着他们。

这一招在大多数人那里有用，有些人看到我这样，会尴尬地笑笑，然后把手里的垃圾丢进不远处的垃圾箱；也有的人不以为然，翻给我一个白眼，依旧我行我素。

每天和乱丢垃圾的陌生人斗智斗勇，让我无奈。我不甘心自己装好的椅子被乱丢垃圾的陌生人占据，如同不甘心我那货真价实的咖啡在小城里销量不好一样。

十月中旬，太阳变得温暖，每天中午过后，老人们会在长椅上晒太阳。一天，长椅上躺着一位老人，穿着藏青色的外套，花白的头发像是刚刚剪过，脸上刻满岁月的留痕，头下枕着一个深棕色的小枕头，在温暖的阳光下，睡得正香。我仔细一看，竟然是在拐角处打牌的老金头。

老金头应该是提前准备好了来长椅上晒太阳午休的。他睡了好一阵子才坐起来，把深棕色的小枕头垫在自己的后腰上，打着哈欠，在午后的阳光里呆呆地坐着。

我坐在店里，静静地看着他，心想这么久没有看见他和那两位喝咖啡的大爷一起来打牌了。

老金头坐了一会儿，从口袋里掏出一把瓜子，不紧不慢地嗑了起来。瓜子皮被他灵巧地吐得四处飞散，不多会儿，他脚下已经堆满一地瓜子皮。

我在店里叹了口气，盘算着要不要去劝劝他。

老金头并没有停下来的意思，口袋里的瓜子却好像怎么也吃不完。我很惊讶，这么大岁数的人居然还有这么好的牙口。看他还在继续丢瓜子皮，我思前想后，决定上前说一说。

我从吧台里取来一个塑料袋，走到他身旁轻声说："大爷，要不我给您个袋子吧？"

老金头抬起头，诧异地看着我，嘴里还抿着一片瓜子皮："有啥事？"

"我看您吐了一地瓜子皮，估计是没带垃圾袋，就给您拿了一个来。"我顺手把垃圾袋递给他。

他突然愣了一下，并没有伸手接我的塑料袋，只是默默地把手里的半把瓜子装回了兜里，有些不好意思，又有些委屈地说："我一会儿给你扫了，行不？"

听到他这样说，我有一丝愧疚，觉得自己有点失礼。

"我这是为了戒烟，没办法，装点瓜子，把嘴占上。"老金头跟我解释。

为了缓解刚才的尴尬，我坐在了他对面，跟他聊了起来。

老金头告诉我，半个月前，因为儿子的请求，他去西安住了一阵子，帮儿子照顾三岁的孙子。

"小家伙可爱得很啊！"他仰起头感叹地说，微笑挂在脸上，仿佛每一道褶子里都填满了幸福。

“儿媳妇不喜欢我抽烟，说我一身烟味对娃不好。”他突然放低语气，喃喃地说，“可是我每次都是到屋外抽烟的。”

说罢，他一脸的委屈，像极了我递给他垃圾袋时的样子。

“合不来，那我就把烟戒了再去吧。”他摆摆手，神情落寞，旋即又冲我说，“小伙子，你把扫帚给我，我给你打扫了。”

“不用！不用！”我连忙拒绝，“我一会儿收拾就行，您歇着吧。”

老金头没有继续再嗑瓜子，只是默默地收起那个小枕头，夹在胳肢窝下，转身离开了。

看着他离去的背影，我感受到了他的孤单和失落。小城里的老年人，晚年生活似乎都被带娃占据着，那些不带娃的老人，即使儿孙满堂，也不得不面对平日里独自生活的孤单，这或许就是平日里门外的长椅上，有那么多老年人的原因吧！

此后的好多天，老金头再也没有出现，我在想是不是因为自己上次的行为伤了他的自尊，抑或他已经成功地戒了烟，去西安带孙子了？如果上次我拿的不是塑料袋，而是一杯热乎乎的咖啡就好了。

一天傍晚，我突然又看到了老金头，他没有拿枕头，手里拎着一个塑料袋，一边从兜里掏出瓜子慢悠悠地嗑，一边朝我们店的这个方向走来。

我急忙冲进吧台，用最快的速度做好一杯卡布奇诺，小心翼翼地端出店门。可是他并没有在我店前停留，而是继续向前，留给我一个远去的背影。

端着这杯咖啡，我很后悔那天没有给这位孤独又倔强的老人一个安静的晒太阳、嗑瓜子的午后。

从那时起，我就再没有见到过老金头了。

“大哥”送的外卖

昨晚“大哥”告诉我，说今晚想来店里吃我做的蛋糕。虽然我此时并没有什么心情做这些，但是不想让她失望，还是应了她的要求。因为不久前，也就是大年初三的凌晨1点30分，我开车撞到了一位老人……

春节期间，随着在外工作的年轻人陆续回乡过年，一直在亏损的咖啡馆突然人气爆棚。为了多赚一点钱，一直到大年三十，我的店都没有休息。

因为店员放假，店里都是我们家人在忙活，而回老家过春节的弟弟喜华从正月初一开始，每天都会带着女朋友前来帮忙，打烊之后我再开车送他们回家。

初二晚上依旧生意红火，直到凌晨1点，我们才送走最后一拨客人。来不及收拾，我决定先送喜华他们回去休息，再返回店里打烊。

在回来的路上，因为是乡道，道路两旁的路灯早已熄灭，漆黑一片，这让迎面驶来的车灯显得极为晃眼。小城里的司机多数没有开近光灯的意识，在我不停地远近光变换示意下，只有少数几名司机愿意变灯。虽然在老家开车，这样的现象司空见惯，但我还是愤懑不平。

路过一处高速桥洞，迎面过来一辆车，它的远光大灯异常晃眼，使我几乎看不清楚路面的状况。我下意识收了油门，不停地变换远近光希望引起他的注意，但对方不为所动，依旧我行我素地前进。大灯照在我的前挡风玻璃上，让我的眼前白茫茫一片，什么也看不见，我赶紧又减慢了车速。

在这片刺眼的白光中，突然出现一团黑色的影子，我下意识踩住了刹车，猛打了一把方向盘，车身转向左边。

“嗵！”的一声，车辆右侧还是撞到了那团黑影！

我惊出一身冷汗，所有的毛孔瞬间都张开来，冒着丝丝凉气。我顾不得多想，飞速地换挡、拉手刹、打开双闪，推开车门冲那团被我撞到的黑影跑去。

对面大灯车的司机看到了事故的全程，逐渐减慢了车速，却依旧没有变换灯光，从我车旁绕过后，便一脚油门走了！

我顾不上问候那辆车的祖宗十八代，心里只希望那团黑影别伤得太严重。

走近一看，地上是一位老人，双腿蜷缩，仰面躺着，帽子飞在一边，额头鼓出一个鸡蛋大的包，上面有个伤口缓缓渗着鲜血。老

人不停地呻吟着，一个木棍挑着的蛇皮口袋，陶瓷缸子和几袋面包散落在他周围，

我突然一下子反应过来，我撞到人了！

虽然我开车快十年了，但撞到人真是头一次。我心里很慌张，手也开始不由自主地打哆嗦。

等不及老人家意识清醒，我快速地打开后备厢找到急救包，一边哆嗦着用纱布包住他冒血的伤口，一边拨打120急救电话，然后快速报了警，接着打电话告诉了家人。

老人慢慢清醒，痛苦地呻吟着说腿疼。我猜测是骨折了，不敢轻易翻动他蜷缩的双腿，怕带来二次伤害，于是选择了保险的做法：双手抱住他的两条腿，尽量固定，保持他现有的姿势。为了减少他的痛感，我一边跟他聊天转移他的注意力，一边焦急地等待救护车的到来。

老人告诉我他有一百多岁了，这让我大惊失色，心想：这么大的年纪被我这么一撞，怕是凶多吉少。我内心除了懊恼自责，还有悔恨，恨自己不尽早停车，同时也祈祷他一定平安。

“我八十岁了，我儿子在黑龙江部队当兵，我要去看我儿子。”他忽然又开口跟我说。我闻到了他满嘴的酒气，询问起他儿子的电话，他却说不清楚，翻遍他的衣兜，也没有找到手机或者身份证。

“我今年九十八岁了。”他又开口说话，不确定哪句是真，哪句是假。我担心他是不是因为被撞坏了脑袋才会这样说胡话。

不多会儿，救护车来了，我爸也第一时间骑着摩托车赶到。他

把车丢在了桥下的空地，便匆忙跟着救护车，陪着老人去了医院。我留下来配合交警取证做笔录，最后把车送去了交警队。从交警队出来，已经凌晨3点，街道上没有一辆出租车，我只好一路狂奔着赶去医院，内心焦急又有些绝望。

医生已经在给老人做检查了。万幸的是，没有生命危险，他头上的伤并无大碍，只需要简单地缝针包扎。但是老人双腿的问题比较严重，左腿胫骨和右腿股骨骨折，需要尽快做钢钉穿刺。

手术需要家属签字，但是他依旧说不清楚家庭住址以及亲属的电话，只一味重复自己叫郭明进，有个儿子在外省的部队。

我们签了字，只希望医生尽快手术，好减轻他的痛苦，至于找寻他的家人，只能等老人清醒后再说。治疗时我脱下他的外套，发现他里面的衣服上有敬老院的标记，打电话过去，却一直没有人接听，我只得作罢，想等天亮再尝试联系。

凌晨4点，医生给老人的左腿打完钢钉固定，右腿用配重在床上做好牵引，输上液，等着第二天进行其他的检查和治疗。老人在麻药的作用下，不再呻吟，渐渐睡去。我爸悄悄地舒了一口气，在我的催促下，忧心忡忡地回家休息了。我留下来陪床。

看着熟睡中时不时呻吟两声的老人，我心有余悸，幸亏当时车速降下来了，如果车速再快一些，那就是更严重的后果了。除了悔恨自责，也心疼我爸为我操心，更心疼老人因我痛苦受罪。

在惶惶不安中，我睁眼到天亮。

第二天一早，我终于联系上了敬老院的值班人员，可他们表示，院里并没有叫郭明进的人，在反复确认之后，依旧无果。最后我拍下老人的照片发给他们，才被当班的员工认了出来。

老人真名叫周德龚，并不是他说的一百多岁，也不是八十多岁，而是七十。他没有儿女，属于五保户。在被村委会送去敬老院之前，他一辈子都在外流浪，大多数时间，生活在北山公墓的一个小亭子里，拣食墓地里人们祭奠时的贡品，偷喝上坟的祭酒。他被送进敬老院之后，依旧想过流浪的生活，经常偷跑出敬老院，引得敬老院的工作人员三番五次地满城寻找。

“他神神道道的，嘴里没一句真话，不知道是真的脑袋有问题还是故意这样的，脾气还大得不行。”值班人员来到医院，看到病床上的老人，对我说。

“昨天下午刚集体吃了团圆饭，喝多了，半夜你还翻墙跑出来，这下好了，腿断了吧。”值班员没好气地对他说。

周老头默不作声，眼睛瞅着旁边生闷气。

此时抱怨也解决不了任何问题，我内心只希望医生尽快确认治疗方案，让周老头少点疼痛。

事情发生后，一家人都在为此担心，但生活还是要继续，生意也得照做。我们临时请了护理工，二十四小时监护，我每天一早去医院探望一次老人，然后回店里照顾生意。我爸除了替店里采购，每天还要给周老头送饭，因为他觉得医院食堂的饭菜清淡，想让周老头吃点好的，养养身体。

因为老人岁数偏大，需要每天做各种各样的检查，所以医生还没有定具体的手术时间。每一次检查，老人的身体被搬动时，他都疼得龇牙咧嘴，这让我感到特别愧疚。他因为有点神志不清，经常会无缘无故骂人，为此我们不得不时刻安抚那些照顾他的护理工和护士。此外，高额的治疗费用，让原本计划歇业的我，不得不继续营业招待每位来客，以免入不敷出。

事发的当天，处理完医院的事情，我心力交瘁，疲惫不堪。傍晚时分，我回到店里，在厨房默默地做着双莓巧克力蛋糕，等着"大哥"的到来。

"大哥"其实是个女孩子。从小生活在老家，大学毕业留在西安工作。虽然八年前开第一家店的时候，我们就有了微博的互相关注，但也仅限于网络互评，私下并无来往。之后在"叔叔的饭"的微博下，也能经常看到她的留言。或许是因为本地老乡的缘故，我对这个ID名叫"黑人也吃巧克力"的微博粉丝有种天然的亲切感。

自从咖啡馆开业后，我就经常在微博上分享美食。有一天，她忍不住给我私信："我能在你那儿买点什么吗？哪怕小饼干也好，邮费我出。"

这样的请求让我觉得有趣，虽然每次发美食视频都会有人点赞，但这样发私信要求我邮寄的，她是第一个。

做些小饼干寄去原本是件特别容易的事情，可是我觉得快递这样简单的吃食会显得不够重视，对于这些长期关注我的微博粉丝，我都像朋友一样珍惜。想着她在西安，我会经常去那里采购原料，如果有机会，我可以亲自给她送过去。

十一月初，从西安返乡的发小回老家拍片，我刚好有去西安的计划，于是便决定，做一个小蛋糕蹭发小的车给她送去。作为惊喜，我没有打算提前告诉她。

因为对她的ID印象深刻，所以我做了一个法式黑巧克力慕斯，驱车四小时赶赴西安。快抵达时，我偷偷用发小的手机联系她，告诉她来找我收取城际快递。

她第一眼便认出了我，惊喜之余，满是感动。这是我第一次见到这个互动多年，却从未谋面的女孩子。瘦瘦小小，头发不长，声音温暖，好像隔壁邻居家的小妹妹。虽然也有些初次见面的羞涩，但是并不尴尬，反而觉得有种老友重逢的感觉。送完蛋糕，互加微信之后，我们便挥手告别。

去发小家的路上我突然间想起来，因为路上颠簸，蛋糕不小心被碰坏了形状，便发信息给她：“忘了告诉你，蛋糕冷藏一下再吃吧，口感会好一些。另路上不小心蹭掉一块，影响了颜值，真是抱歉啊！”

“啊！干吗做这么感动的事！”她在微信里说。我能感受到她还沉浸在喜悦之中。

“谢谢你！前几分钟还在家务事的电话粥里难过，现在随即被治愈，生活就像这盒蛋糕，永远不知道打开后是什么样子。”

“希望你喜欢黑巧克力。”我回复道。

“我读懂了你的心意，黑人也吃巧克力，是的，我喜欢巧克力，从未想过会被一个陌生人如此在意，这个甜点我受之有愧。如果是营销，我倒坦然，可我知道不是，离开之前请你和你发小一起吃顿饭好吗？是老乡也是朋友了，这样也让我安心接受你的美好。”透过信息，我感受到她满满的真诚。

“既然做了好事，可以好事做到底，让我更开心吗？”她依旧不放弃，“你发小家离我家不远，如果方便，邀请你们来我家做客，我做饭给你们，心意补缺环境和手艺的不足。”

看我还在犹豫，她又发来信息：“我闺蜜也会来，不会尴尬，就这么说定了！”那个瘦弱而温暖的女孩子，此时变得果断而坚决。

我不好拒绝，便愉快地答应了。

饭局定在了两天以后的下午6点。发小因为要带孩子上课外班，不能和我同去，所以我只好一个人单独赴约，凭着上次送蛋糕的记忆找到了她家。

厨房里，她忙得不可开交，闺蜜青青热情地帮我沏茶，因为都是同乡，我并没有感到拘束，话题先从各自住的地方聊起。

“我是司上的。”问起青青的老家，她回答我说。

“我高中时候有一个要好的同班同学就是司上的，毕业后他去了非洲工作，虽然这些年我们很少见面，但一直互相惦记。”虽然对老家很多地方不熟悉，但说起这个地名，我一下就想起了高中时候的好朋友。

“非洲？你说的同学姓什么？”青青忽然瞪大眼睛，好奇地问。

“姓谯，叫谯家强，你认识吗？”

“天哪！不是吧？这么巧！”她震惊地喊了出来，“他是我哥哥呀！”

我也惊奇地张大了嘴巴！高中时就总听谯家强说起自己有一个妹妹，可我一直没有见到过，没想到会在这样的情景下遇到。我激动地拨通了她哥哥的视频，和青青一起，分享着这份快乐。

“大哥”也被这样奇妙的缘分震惊到，开心地拿着铲子在厨房手舞足蹈。我好似见到了自己的亲人，跟她们更加没有了隔阂。不多会儿，一盘盘的家乡菜便端了出来。三个人也不客气，围坐在地毯上的茶几边吃了起来。

大部分时间我们都在聊天，因为这种亲切感，我愿意跟她们分享自己的故事，从她们关注的做饭到之后的开店，毫无保留，无话不谈。“大哥”又变回了那个温婉的女孩，一直歪着脑袋专注地听我说话，直到散场。

“我送你们回去吧，先送叔叔，再送青青，然后我回家。”她一边穿外套一边安排。

“太晚了，我们自己回去就行，你别折腾了。”我和青青异口同声地说。

“你们别客气，就这么定了，这样大家还能多待一会儿。”那个温婉瘦弱的姑娘又变得果断而坚决。

“你这么霸道强势，都不像个小姑娘，更像是个大哥。”我调侃道。

“那以后就叫我大哥，今天回去的路上，大哥保护你们！”她也开心地打趣道。

从那之后，我便一直称呼她“大哥”。

“大哥”依旧跟我保持微博互动，渐渐地，我也发现老家有一些认识“大哥”的朋友，她们都跟我夸赞“大哥”的温柔善良。那些已经结婚的朋友总跟我吐槽说，“大哥”这么美好的女孩子，却到现在还单身，上天真是不公平。有些人甚至偷偷请求我介绍合适的男孩子给她。

“大哥”对自己大龄单身的状况毫不在意，偶尔会请求我做一块甜点送去给她的高中老师，然后在我拒绝收钱的时候，发三个同样额度的红包执意让我挑选，调皮又温暖；也会在新年前夕，寄一盒巧克力到店里让我们分享。有一次她临时回老家，还带着自己的父亲去店里小坐，只因我有事回了北京，遗憾没有招待到。有时候因为太久看不到我的动态，她也会发微信询问，我们就像认识了很久的朋友一样，保持着如同家人般的亲近。

我记不清楚当天为什么会做红色的双莓巧克力慕斯，可能是因为春节“大哥”难得回来一次，图个喜庆，也可能是希望用这样的颜色，调整下沮丧的情绪。但是直到当天打烊，她都没有出现。

第二天一早，收到她抱歉的信息：“不在掌控中，昨天我家请客，喝多了，原谅我的食言，今天要返回西安了。”

“昨天做了双莓巧克力慕斯，一份都没卖掉，晚上我们全吃了。”我发了那个红色慕斯的照片给她，没有埋怨她的失约。因为不想蛋糕隔夜，我和家人便分享了那些甜点。没有给她做那道专属的法式黑巧克力慕斯，就像昨天没有等到她的到来一样，内心觉得很遗憾。

“对不起，我闯祸了。”她在微信里道歉。

“不，是我闯祸了，本命年，比较可怕。”我感叹道。

她似乎觉察到了什么，很快打来了电话，我便一五一十地告诉了她事情的整个过程。

“经历过无助，只能靠自己；语言苍白，心里觉得暖就照做，老天爷让咱拐弯，咱别拗，转角又是康庄大道。”打完电话安慰我之后，她又发来了信息。

这两天听到了太多的安慰，依旧无法缓解我的焦躁，但看到这条信息，内心却平静了许多。

一周后，周老头平稳地度过了观察期，也顺利地进行了手术治疗，观察几天如果没什么问题，就可以转入普通病房进行疗养了。这期间“大哥”每隔两天也会发来微信，询问状况，提醒我不要因此消沉。

春节假期已过，年轻人都已经返程上班了，店里的生意也一落千丈。周老头每天的医疗费依旧花费不菲，眼看着日子捉襟见肘，我不得不决定赶回北京赚钱。

“准备回北京了吗？”“大哥”发信息问。

“嗯，后天回去，目前没有大的问题了，老人恢复得还不错，但彻底康复还得要几个月。我先回北京工作，等他差不多康复了，我再回来。”我心烦意乱地回复她，不放心离开，却又不得不离开。

“周六的飞机吗？”她又问。

“坐高铁回去，先到汉中，然后再到西安北站换乘。”

“几点的票去北京呢？”她继续问。

“下午2点多吧，今天刚抢到一早汉中到西安的高铁票，中间要等待一个多小时。”我答复。

“好，那今天别熬夜，早睡早起，明早吃碗老家的面皮再出发，祝你一路顺风。”

“谢谢！”我一边打包行李，一边回复。

第二天一早，去医院看望完周老头，嘱咐完家里人，我便拖着行李箱和弟弟喜华一起踏上了返程的高铁。

连日的疲惫在安静的车厢里得到了释放，我瘫坐在座位上，脑海里过电影似的重复着连日来的画面，在不自主的焦虑和不安中抵达了西安北站。

汹涌的返京人流裹挟着我前行，我像一只斗败了的公鸡，拖着疲惫的步子，找到一处空位，垂头丧气地坐下来休息。喜华递过来吃的，我却没有一点儿胃口。

"嗡——"手机震动起来，是"大哥"发来的微信。

"到北站了吗？"

"嗯，刚到，找了个位置坐下。"

"这么早，是下午2点零几分的那趟高铁吗？"她在信息里确认。

"对啊，你怎么这么聪明！"

"哈哈！"她发来一个大笑的表情，"夸得我好开心，要不也让你开心一下？"

"我现在的开心很俗套，没有一千万开心不起来！"我在微信里说。这是真的，面对接下来不知道还要花出去多少的治疗费，我的确无法开心，甚至还会担心周老头从此站不起来。

"一千万是什么？千万要开心吗？"她在微信里问我。

看到这里，我忍不住笑了，经济压力暂时抛之脑后。

"周末了，好好休息吧，后天又要开始上班了。"玩笑过后，我的焦虑感又汹涌来袭，没有心思再聊天，想结束这场对话。

"对啊，周末了，可以做一点不一样的事情，比如，去西安北站遛弯。"她又敲来一行字。

看到她发来的消息，我突然意识到了什么，觉得她之前对我的行程过问得那么细致，一定是有特别的安排。

果然，没过多久，她就打来了电话："'大哥'给你送外卖来了，但是进不去进站口，我看看能不能找个人给你带进去。"

果然和我猜测的一样，一时间满满的感动充斥在我的胸口，那些焦虑、颓丧一扫而空。我让她在出口的位置等着，快速地往进站口跑去。

几个月没见，“大哥”扎起了头发，一件宽松的红色羽绒服包裹在瘦小的身体上，披着浅色的围巾，手上提着一个GODIVA巧克力的袋子。一见到我，她就微笑着连连抱歉：“过年的时候爽约了，真是不好意思。”

我知道她又来给我送巧克力了，既开心又有些不好意思接受：“你这样的女孩子，简直太作了！”

“怪不得没有男朋友！”我顿了顿语气，假装一本正经地说。

“哈哈哈！我就喜欢这么作！”她毫不在意地笑着，把手里的礼品袋塞给我，“快拿着东西走吧。”

那个时刻，别说包装这么精美的巧克力，哪怕她什么都不带，都已经让我感动万分。我怕自己再待下去赶不上火车，便带上礼物，匆忙地和“大哥”挥手告别。

袋子里除了巧克力，“大哥”还装了一盒削好的菠萝和一盒草莓，还细心地放着几把小叉子。

看着这份“外卖”，我心里泛起阵阵暖意，想起近日的种种不顺，竟然有种想落泪的冲动。不知道该怎么说谢谢，于是拿起手机发微信给她：“你是一个‘作’得如此美好的女孩子，不能便宜了那帮臭小子，等到最后，一定是最好的人才配得上你！”

哈哈哈！是滴！像他明天就会来一样去憧憬，像他永远不会来一样去生活！

来世上一趟，平淡美好并非唾手可得，谁不是接住了投下的光与暖走过一程又一程；若无时，不妄念、抱怨，才有接住时的欢喜感激。

谢谢你呀！春节屡次食言，我心里不安，在听见你遇到节外生枝的事情之后，更是。作为朋友分担不了，抱歉！

微微的作，如果能带给你须臾的欢喜，便守住了你曾给别人的温良的初衷，别人也会因此心安。

让巧克力给最近的你加点甜吧，好好工作，好好赚钱！我也会好好做饭，好好和自己相处。一路顺风哦。

她并没有像之前一样用微信文字回复我，长长的一段话打在手机的备忘录中，截图发送给了我。

我内心感慨万千，不知道该如何回复，或许此刻怎样的回复都无法表达我的感激。我长按那张截图，将它保存到手机的相册里，然后发了信息给她：“菠萝又甜、又酸……”

如今，老人家已经出院，回到了敬老院生活，双腿已经可以站立行走。

我和“大哥”偶尔保持着联系，而那盒“大哥”送的巧克力，我一直珍藏在冰箱里，舍不得吃。

开错位置的咖啡馆

网上充斥着这样一个段子：何以解忧，唯有暴富。

看则是个笑话，实则暴露出极为现实的一面。成年人最大的困扰和麻烦，乃至不快乐不幸福，或许绝大多数都源于经济上的困窘。

从北京回到老家开咖啡馆半年以后，由于面临着经营的困境，我也不得不面对这样的问题。

坚持以咖啡为主，没有根据当地的消费观和市场进行调整，我这种做生意的方式，在小城里似乎有一些自诩清高。即使后来陆续增加了一些餐食，却依然无法抗衡那些一边卖着毛血旺，一边卖着卡布奇诺的本地同行。面对每月的入不敷出，有时候真的会想，是不是自己把咖啡馆开错了地方？

我的家乡陕西汉中，至今依然是典型的国家级贫困县。不到六万城市户口的县城里，老人和小孩占去三分之一，外出人口占据三分之一，剩余的两万年轻群体中，平时不经常外出消费，以及几乎没有消费能力的人，大概占据了一半；而另一半中，相比喝咖啡这种相对小资情调的生活方式，平时更爱喝酒撸串的人占据了绝大多数。

经过一段时间的考察，我所经营的咖啡馆，受众群体以理想化最大值估算，也只有不到两千人。在这些人当中，有些人是喜欢咖啡馆的氛围；有些人是向往更有情调和品质的生活；有些人则是和我较为投缘。所以不管如何衡量，开这样一家咖啡馆，如果继续按照我的喜好和经营理念去运营，最终一定都是个亏本的买卖。

费孝通在《乡土中国》中说："从基层看去，中国社会是乡土性的。"虽然乡土并不能概括中国社会的全部，但这句话却说透了小县城的本质。这里的"乡土"并不是"洋气"的反面，是由于空间、地域性限制，小城市的文化闭塞，再加上消费心理的固化，更显得"乡土"。

装修还不错的咖啡馆，在县城里无疑是"洋气"的。很多人的消费还停留在别人的看法上，攀比心推动消费增长，这大概也是一些网红店靠消费者打卡存活的原因。

营业初期，依靠良好的环境，以及消费群体图新鲜的从众心理，咖啡店里的生意还算过得去。

以下是部分探店群体的画像：

开错位置的咖啡馆

1、对咖啡文化欠缺认知，不听劝阻，非要点一杯意式浓缩，之后抱怨太苦太酸太难喝，并且嫌弃装咖啡的杯子太小的中年大叔。

2、平时有喝速溶咖啡饮料的习惯，来了之后点一杯卡布奇诺，却质问为什么不甜，店员解释之后还不依不饶的“名媛”风小城姑娘。

3、自带红酒，绝不点单，要一大桶冰块之后，给红酒加冰块看挂杯就算了，还自带核桃要求店员用老虎钳子剥壳给他吃的酷炫青年。

4、带着孩子，却放任其追逐打闹，影响其他客人，还要给对方翻白眼的年轻妈妈。

5、挑剔奶油会胆固醇超标，咖啡里面有咖啡因，端走公用的柠檬水，无限续杯，离开时还要顺走一大叠纸巾的“古风”阿姨。

6、手冲咖啡要93摄氏度水温，吃牛排要八分熟，无论点什么咖啡都要求加方糖、配勺子，翘着兰花指端着杯子，座位边的窗帘必须拉起来，却把纸巾扔一地的“优雅贵妇”。

7、来店里相亲，对女孩子讨好谄媚，转脸对店员吆五喝六的适婚男青年。

8、下单两分钟，就急不可待地敲着盘子喊上餐的“重饥”少年。

9、店里晚上10点30分打烊，因为来过生日却非要坐到半夜1点还不走，抱怨服务不好，走之前还要给你上一堂经营课的操心大姐。

其实，我只想拥有一家属于自己的咖啡馆，而不是被简单定义的“网红店”。

做生意的人，谁也不能挑选自己的下一位客户，就像谁都无法预知自己最后真正会爱的人是谁。而经营者和客户之间的关系，有时像是还没达到深爱程度的恋爱初期模式，基于各自的条件和能够给予对方的东西，成全和满足各自的诉求，互惠互利，从中获得满足和愉悦。

只图一时新鲜的爱情，通常都不能长久。不到半个月的时间，这些只为了发个朋友圈的消费群体，基本销声匿迹，不再光顾。

渐渐地，周围的亲人和朋友也开始为我担忧，出于善意，会提供一些意见和建议。而我也开始思考，现有的消费环境和群体是相对固定的，那自己是不是可以主动引导市场呢？

于是我想，或许可以通过将店内场地和我的咖啡技术免费分享给大家，以这样的方式来吸引顾客流量。

和一二线城市截然相反，从午后到晚饭之间的这段时间，这里的客人不会太多。思考再三，我决定提供免费场地给有需要的团队。

不久以后，咖啡馆变成了微商开会的好去处。

在门口靠河边的大片区域，我又放上了公园的那种长椅，留给喜欢坐在户外的人歇脚。

花一整天时间做好的普及咖啡知识的PPT，在沙龙上几乎没有人看，享用完免费的咖啡后就离开了。后来，前来学习的人也就所剩无几了。而自己引以为傲的烘焙手艺，往往因为报名的人少之又少而不得不取消。

实践出真知！大城市的经营模式在县城里行不通。

其实，在极度艰难和心力交瘁时，我也不是没动摇过。或许可以和同行们取取经，试着用廉价的咖啡豆和代可可脂来降低成本，再用满减活动增加客源。

但这样的念头一冒出来，又会全部被自己否决，因为这样的手段和方式，违背了自己开店的初衷。

相对开第一家餐厅时的信心不足，五年以前我就有了这次咖啡馆的计划，并且在那时候就完成了Logo的设计。其间我陆续学习了精品咖啡和Ferrandi Paris的甜点课程，怀揣梦想准备放手一搏。

只不过现实往往会给华丽的梦想沉痛的一击，然后躲在一旁，看你会原地爬起还是遗憾地放弃。

每天上午10点，我都会准时到店里准备当日的甜点，在工作之前，先为自己手磨一杯咖啡。因为没人点单，大部分的手磨咖啡豆都被自己喝掉了。端着咖啡在店里转上一圈，给绿植浇浇水，再检查检查环境卫生，咖啡基本上也就喝完了。收拾利索后，就开始了一天的工作。

闪电泡芙我每天会做十二个，三种口味，每个口味做四个：卡仕达奶油酱、榛子巧克力、莓果馅儿。有时候遇见当季新鲜的水果，也会把它加入泡芙的配方里。小巧精致的闪电泡芙虽然诱人，但是在当地人看起来分量不够实惠，再后来我不得不改成个大量足的修女泡芙。

慕斯基本上只做水果的，譬如覆盆子。新鲜的水果打成果茸，用厚底锅慢慢熬成浓稠果酱，过滤放凉，再和慕斯液混合速冻三四个小时，用喷砂或淋面的方式装饰完，这样的慕斯口味和颜值都会特别受女生的欢迎。

当然，除了常规的泡芙和慕斯之外，偶尔我也会脑子一热，花五个小时的时间，手工开酥做一些法式的可颂面包。

冷冻过的无水黄油用擀面杖反复捶打，再耐心地一点点擀压，用手掌的温度唤醒黄油，最后再把一整块黄油擀压成规则的方形薄片。这一步完成的时候，手臂会累得酸痛无比。待把黄油片放进冷藏室之后，我通常会再去磨一杯咖啡，边休息边等待黄油软化。

法式的T65高筋粉和T45低筋粉按比例混合成中筋面粉后，在盆底旋转着垒出一个圆圈，再在圆圈的边上掏出两个小圆来，这时就会出现一个米奇脑袋一样的可爱外形。

接着给大圆圈里加入糖、奶粉以及融化的黄油混合，给两个小圆圈里分别倒入盐和干酵母。在大圆圈里加水，用食指划圈加以溶解，每到这个步骤，我都会格外小心，生怕将水过早弄进干酵母里，影响面团的醒发。

揉好面，通过简单的摔打上劲，再醒发几个小时，它们的体积就会变大。接着把柔韧的面团擀成黄油片一样的宽度，折叠、擀开，重复这样的动作数次。

最后，把面团切成对等的三角形，自上而下卷成“牛角”形状，这样每个“牛角”面团便都有了自己的样貌。刷上蛋液，用湿度80%、温度28℃的醒发箱照顾好这些小“牛角”，等到它们醒发成原始身材的两倍大小，就可以进烤箱了。

210℃烤箱烤制十五分钟后，这些散发着诱人香气的小“牛角”就呈现出金黄诱人的样子。把它们一个个小心地从烤箱里拿出来放凉，静下心来和它们相处，就会发现自己无可救药地爱上了这样手工开酥的日子。

然而，这些让我引以为傲的可颂，在我们的小城里，却没什么市场。最后这些美食要么被自己吃掉，要么就送给经常来的熟客。毕竟大多数人会选择好看的蛋糕，而不会为其貌不扬的可颂买单。

人都说吃到好吃的东西会有幸福感，所以很多时候，自己就特别希望有人能一同分享这样的幸福感。

其实我所在的小县城里，也会有形形色色的蛋糕店，大多充斥着对知名品牌模仿的山寨感，和这种山寨感对应的，往往是品质和价位的低廉。当大家都在这么做的时候，货真价实和精益求精，反而会显得有些沽名钓誉。

做可颂就像做人，一定得真材实料。我一直告诉自己要坚持这个原则：用心制作的食物，总会有人喜欢。

就这样，在经历了一个多月的低迷期之后，暑假来临，小城里立刻多了许多年轻的面孔，咖啡馆也热闹了起来。

一个普通的下午，我又烤了一次可颂，并没有期望能卖出去，只是像往常一样把它们摆放到展示柜里，继续期待着今天能有朋友一起分享。

“我能买一个可颂吗？”一个怯怯的声音传来。顺着声音望去，是一个短发的姑娘。

“对不起啊，可颂我一直没有列进菜单里，怕大家觉得不实惠……”话还没讲完，就看到短发姑娘一脸遗憾。

“但是，你要是喜欢的话，我可以送给你一个。”见姑娘这幅神色，我立刻诚恳地改口道。

店里很少有人会主动对我提这样的要求，当时只觉得内心有一种难以名状的喜悦，我想如果她需要，我愿意把今天制作出来的可颂全都端到她面前。

“哇！那太谢谢你了！”姑娘很开心的样子，如同可颂里加了甜蜜的卡仕达酱，只要轻轻一碰，就溢出满满幸福的味道。

那个下午，姑娘心满意足地离开，收银台的支付宝二维码收款多出来一笔红包，不用问，一定是来自这位短发姑娘。

后来几天，小姑娘每天下午都会准时出现，只是那几天，我没再烤过可颂。一个早晨收到她的微信：叔叔，很希望今天再吃到你的可颂，我知道就我一个人需要的话你应该会很为难，所以我今天带了六个同学一起！

就这样，我也和这六位同学成了朋友。

再后来，来的年轻人便越来越多。

高二的Vivian，每个周六晚饭后会和班里的男学霸来补习功课，她最喜欢茉莉花配百香果的茶。

从广州毕业回来的真哥，已经不太能吃辣了，偶尔喝过一次女孩子们喜欢的覆盆子玫瑰茶之后，就偏爱这款艳丽的饮品，于是经常会被同行的兄弟们取笑。

一直嚷嚷减肥的小越，每次来都会主动向我坦白今天又多喝了一杯奶茶。

周末不加班会抱着自家猫来店里溜达的志伟，平时上班路过都会不由自主地进来打包一杯拿铁，但是往往还没走出店门就会喝光。

一边抱怨喝咖啡拉肚子，一边拼命熬夜的李曼曼，终于在尝试了一次美式之后，弄明白了自己原来是乳糖不耐受。

年轻的酒吧老板娘沛沛，会在宿醉之后来店里喝一杯咖啡试图醒酒，但晚上又不得不和客人喝到深夜。

一直抱怨没男朋友，念叨着让大家给张罗对象的“柒哥”，却从没如愿地在店里相过一次亲。

……

在我青春的记忆中，每每放假回到老家后，都是无处可去的。喝酒是小镇青年基本的社交手段，而像我这种“一杯倒”的人，逛大街就变成最安全又经济的聚会方式。

县城中心的步行街，短短不过百米，每到寒暑假，步行街上满是和我一样的年轻人，三五成群熙熙攘攘，将那条街走过一遍又一遍。

遗憾的是，十几年后的小县城，喝酒、撸串、打麻将、KTV和广场舞依旧是主流的休闲方式，真正属于年轻人的社交场所还是寥寥无几。自然而然，我的咖啡馆成了这些年轻人最喜欢的地方。

我对人际关系向来不太善于主动把握和经营，尤其是不喜欢和故步自封的人打交道。

而思想前卫、坦率真诚的年轻人是我最愿意接触的群体。有时他们会一群人相约一起来吃东西，有时也会独自前来和我聊到深夜。店里忙碌的时候，会不由分说套上围裙帮忙，不忙时，也会跟我学学烘焙的手艺，离开时再偷偷地发一个支付红包。

即使有了自己开的这家咖啡馆，但在我看来，现在的年轻人还是和我当初一样，除了我这里依旧无处可去。

县城封闭的“乡土”性，有着极其固化的文化传习，在我那个时代的年轻人，不自知地模仿着大城市的消费习惯，却往往忽视精神消费的诉求，最后将这种消费习惯变成一种生活定式。

随着这一代人逐渐掌握了核心的社会资源，县城的消费市场又逐渐被这代人的理念和经验所掌控和重复，继而影响着当下这一批年轻孩子们的生活方式。有时候，看到这群孩子来店里的样子，仿佛看到十多年前，那个走在熙熙攘攘的步行街上，无所事事又向往美好生活的自己。

开店就像是做可颂，永远无法满足所有人的喜好，但总会有人愿意为平淡重复的日子增加一抹幸福的香气。如果有人能够因为这片小天地获得多一些快乐，对我而言，那就是一种幸福。

咖啡馆或许是“开错了地方”，但我愿意坚持！